Daniela Braun

Mit Kindern forschen und erfinden

Spielerisch fördern

Daniela Braun

Mit Kindern forschen und erfinden

Neue Vorschläge für den Kindergartenalltag

HERDER

FREIBURG · BASEL · WIEN

2. Auflage

Alle Rechte vorbehalten – Printed in Germany
© Verlag Herder Freiburg im Breisgau 2000
www.herder.de
Umschlaggestaltung: Seiler + Kunz, Freiburg
Umschlagfoto: Hartmut W. Schmidt, Freiburg
Innenillustrationen: Iris Mielke, Kiel
Satz + Layout: DTP-Studio Helmut Quilitz, Denzlingen
Druck und Bindung: fgb · freiburger graphische betriebe 2002
www.fgb.de
ISBN 3-451-27303-9

Inhalt

Vorwort

Die Welt zu entdecken ist eine wichtige Voraussetzung dafür, sich in ihr zurechtzufinden.

Kinder gehen aus eigenem Antrieb den Rätseln des Lebens nach und untersuchen die Phänomene der Umwelt, versuchen herauszufinden, wie Dinge funktionieren. Neugier und Wissbegier sind dabei wesentliche Grundlagen für ihre Bereitschaft, kognitive Leistungen zu erbringen. Alle Anregungen, die zu einer intensiven Beschäftigung mit der Lebensumwelt, mit dem eigenen Körper und seiner Leistungsfähigkeit sowie mit den Gesetzen der Natur führen, sind Wege zum Erkenntnisgewinn und fördern somit die kognitive Entwicklung der Kinder. Dabei brauchen diese den konkreten Umgang mit den Dingen. Sie wollen ihre Lebenswelt nicht nur von ferne betrachten und bestaunen, sondern konkrete Erfahrungen und Erlebnisse machen, ausprobieren, wiederholen, verstehen. Alle diese Aktivitäten führen zu Erkenntnissen und Erfahrungen, auf die jedes Kind später immer wieder zurückgreifen kann.

Die im vorliegenden Buch vorgestellten Ideen und Anregungen zu entdeckendem und forschendem Lernen wollen Kindern die Möglichkeit geben, sich ihre Lebensumwelt selbständig und spielerisch erprobend zu erobern. Sie unterstützen sie dabei, im Spiel Erfahrungen zu sammeln und Zusammenhänge zu erkennen. Sie geben Impulse für kindliche Aktivitäten, Experimente und Entdeckungsreisen und machen Mut, selbst zu forschen und zu erfinden. Sie lassen die Kinder neugierig werden für Phänomene der Natur und der Umwelt und veranschaulichen diese.

Wichtig ist dabei, dass mit jedem der Spiele gleichzeitig auch die Kreativität der Kinder gefördert und diese dadurch in die Lage versetzt werden, bei den vielen großen und kleinen Problemen des täglichen Lebens immer wieder neue, eigenständige und originelle Lösungen finden zu können. Kreatives Tun ist eine spielerische Entdeckung der eigenen Fähigkeiten. Über kreatives und entdeckendes Handeln kommt es zum Verstehen, zum Be-Greifen der Zusammenhänge des Lebens und der Eigenschaften vieler Dinge aus Natur, Technik und Umwelt, welche für Kinder oft noch große Geheimnisse darstellen.

Bei der Entschlüsselung dieser Geheimnisse brauchen Kinder andere Kinder, die zusammen mit ihnen die Begeisterung für Entdeckungen, Erfindungen und Erforschungen teilen. Sie brauchen aber auch erwachsene Partner. Gerade Erwachsene spielen für den Entdeckungsdrang der Kinder eine besondere Rolle: Sie können ihre Neugier und ihren Forschergeist unterstützen und wecken oder ihn hemmen und bremsen. Je anregender ihre Umgebung ist, je mehr Impulse von anderen Menschen ausgehen, umso stärker werden Kinder zu Aktivität und Handeln herausgefordert.

Der Radius, innerhalb dessen Kinder ihre Umwelt auf eigene Faust erobern können, wird besonders im städtischen Bereich durch Verkehr, Bebauung und städtebauliche Zergliederung immer kleiner und enger. Umso mehr müssen die Kindertageseinrichtungen die erforschbare Umwelt in die Einrichtung holen und Kindern dort Raum für Entdeckungen und Erkenntnisse bieten. Kinder verfügen über vielfältige Erkenntnisse und über ein ganzheitliches Wissen. Wir Erwachsenen sollten dies durch Anregungen, die Sinneserfahrungen ermöglichen, fördern und entwickeln. Kinder brauchen diese Erfahrungen in einer Gesellschaft, die spätestens ab Beginn der Schulzeit sinnliche Erkenntnisse zu Gunsten der Vermittlung „verkopften" Wissens in den Hintergrund drängt. Nur im konkreten Umgang mit den Dingen gewinnen Kinder Erkenntnisse. Sie entwickeln daraus ein vielfältiges, kreatives Handlungsrepertoire, das sie stark und bereit für die zukünftigen Leistungsanforderungen macht, mit denen sie bis ins Erwachsenenalter hinein konfrontiert werden werden.

Mit „Hand, Herz und Kopf" – Dimensionen der Förderung kreativer Lernprozesse bei Kindern

Kinder lernen vom Augenblick ihrer Geburt an und wohl auch schon vorher. Jeder Kontakt mit Menschen, Tieren, Pflanzen, mit Natur, Technik und Gegenständen ist Begegnung mit der Umwelt. In diese Umwelt wachsen sie hinein, lernen ihre Gesetzmäßigkeiten und Phänomene kennen. Mit jeder noch so kleinen Erfahrung ist eine Lernerfahrung verbunden. Was oft so spielerisch aussieht, sind für Kinder schwierige und anstrengende Entwicklungsschritte ihres Geistes, ihrer Seele und ihres Körpers. In jedem Augenblick und in jedem Lebensalter werden weitere Entwicklungsschritte und Lernerfahrungen gemacht. Mit Lernerfahrungen sind Erkenntnisse über die eigenen Fähigkeiten und die Besonderheiten anderer Menschen bzw. der Umwelt verbunden. Je jünger die Kinder sind, desto mehr konzentrieren sie sich auf sich selbst und auf die Menschen ihrer nächsten Umgebung. Je älter sie werden, desto mehr wollen sie ihr weiteres Umfeld entdecken und erkunden.

Kinder zeigen im Vorschulalter eine hohe Wissbegier, welche der Motor ihrer Entwicklung und ihres Lernens ist. In diesem Alter wenden sie sich nicht mehr vorwiegend nur anderen Menschen, sondern auch Dingen zu. Sie sind der belebten und unbelebten Natur auf der Spur und erforschen alltäglich beobachtbare Phänomene.

Ein erwachsener Mensch lernt vorwiegend mit „Kopf, Herz und Hand". Damit ist gemeint, dass er neue Erkenntnisse zunächst theoretisch, mit seinem Geist und seinem Denken erfasst. Ist er motiviert und gefühlsmäßig positiv eingestimmt, fällt ihm die Aufnahme von Lerninhalten leichter. Aber die Umsetzung in praktisches Handeln erfolgt erst, nachdem die Erkenntnisse im Geist aufgenommen, gespeichert und bearbeitet wurden. Es ist der Weg von der Theorie zur Praxis.

Kinder lernen anders. Sie machen ihre Erfahrungen mit „Hand, Herz und Kopf". Kinder lernen durch Handeln. Sie beobachten, entdecken und erproben Handlungsweisen. Je sicherer und geborgener ihre Lebenssituation ist, je mehr sie sich unterstützt und ermutigt fühlen, desto mehr probieren sie die Dinge aus, versuchen herauszufinden, wie sie funktionieren, untersuchen ihre Umwelt, um daraus Erkenntnisse zu ziehen. Ihr Weg der Erkenntnisfindung führt anders als bei erwachsenen Menschen vom erprobenden Handeln zum abstrakten Wissen. Über konkrete sinnliche Erfahrungen gelangen sie zu Erkenntnissen. Sie wissen, dass eine Zitrone sauer schmeckt, nachdem sie ein Stück Zitrone probiert haben. Auch Kinder brauchen wie Erwachsene eine positive Gefühlsbeteiligung, um fruchtbare Lernprozesse machen zu können. Angst und Unsicherheit, Furcht vor Ablehnung und mangelnde Zuwendung können ihre Wissbegier hemmen und ihr erprobendes Handeln lähmen. „Lass' das sein!", „Das funktioniert nicht!", „Das kannst du nicht!", „Lass' die Finger davon!", „Dafür bist du noch zu klein!", „Das kannst du noch nicht verstehen!", „Lass' mich das lieber für dich machen!", sind Sätze, die die Aktivität und Wissbegier von Kindern hemmen oder gar unterbinden. Folglich behindern sie auch die Lernmöglichkeiten der Kinder, weil diese in ihrem Entdeckungsdrang blockiert werden.

Kinder brauchen also für ihr entdeckendes und erprobendes Handeln nicht nur eine anregende Umgebung voller Reize, sondern auch die Ermutigung und Unterstützung ihrer Neugier, ihrer Wissbegier und ihres Forschergeistes. Sie brauchen das Gefühl, alles (bzw. fast alles) ausprobieren zu dürfen und selbst Antworten finden zu können. Sie brauchen die Sicherheit und Geborgenheit einer liebevoll unterstützenden und akzeptierenden Umgebung, damit sie sich entwickeln und lernen können. Gerade im Vorschulalter stehen Lernen und Erkenntnisgewinn noch nicht unter Leistungsdruck und Bewertung. Lernen und Wissen bedeuten noch etwas Verheißungsvolles, ein Geheimnis, das man lüften und entdecken kann. Wenn Kinder nicht gebremst und blockiert werden, können sie ihre vielfältigen Erfahrungen als Forscher und Erfinder, Künstler und Weltverbesserer machen. In ihrem weiteren Leben werden sie kaum noch einmal diesen breiten Spielraum zum Entdecken, Erforschen und Gestalten bekommen. Doch manchmal wird schon im Vorschulalter dieser Spielraum für kreatives Lernen beschnitten. In dem Bemühen vieler Erwachsener, die Kinder zu fördern, werden häufig zu enge Grenzen vorgegeben, zu viele Regeln aufgestellt, zu viel Wissen über theoretische Lernprozesse vermittelt. Erprobendes Handeln und entdeckendes Lernen hingegen müssen unterstützt werden, denn Kinder entwickeln hierdurch ihre geistigen Fähigkeiten.

Erprobendes Handeln ist kreatives Tun. Indem Dinge untersucht, verändert und verfremdet, „behandelt" werden, erweitern Kinder ihr Wissen. Gibt man ihnen Handlungsspielräume und schafft Möglichkeiten für Experimente, dann entwickeln sie Kreativität, dank derer sie Hindernisse und Probleme überwinden und neue Handlungsmöglichkeiten erproben können. Kreativität ist die Fähigkeit, neue Ideen und Denkansätze zu entfalten und durch eigenes Handeln Problemlösungen zu finden. Neben dem dafür notwendigen Spielraum benötigen Kinder auch die Unterstützung durch Erwachsene, um spielerisch die verschiedensten Handlungsmöglichkeiten zu erproben. Sie brauchen die Anerkennung auch ungewöhnlicher Lösungen. Ein Beispiel soll dies verdeutlichen:

In einer Kindertagesstätte suchte der sechsjährige Sven fieberhaft nach einem roten Filzstift und zog sich damit in eine Ecke zurück. Auf die Frage, was er damit machen wolle, meinte er nur, er müsse ein Loch wegmachen. Sven hatte nämlich ein kleines Loch in seinem roten Pullover, das besonders auffiel, weil das weiße Unterhemd durchschien. Er nahm nun den Filzstift und malte durch das Loch das Unterhemd an der Stelle rot, so dass das Loch nicht mehr zu erkennen war. – Eine ungewöhnliche, faszinierende und kreative Problemlösung, zumindest für den Augenblick.

Mir gefiel Svens Idee, sein Problem zu lösen, und ich habe es ihm auch anerkennend gesagt. Aber es könnte auch sein, dass Erwachsene mit Tadel und Missbilligung auf solcherlei Problemlösungsstrategien von Kindern reagieren: „So etwas macht man doch nicht!", „Was für eine dumme Idee." Dabei hat Sven etwas gezeigt, was in der Schule gefordert und mit Noten bewertet wird: die Anwendung von erlerntem Wissen. Sven hat das Wissen erworben, dass ein roter Filzstift genügend Farbstoff hat, um weißen Stoff einzufärben. Dieses Wissen hat er angewandt. Außerdem hat er sich geschickt eine optische Täuschung zunutze gemacht. Die Art und Weise der Umsetzung seiner Kenntnisse ist in höchstem Maße kreativ, wenn auch auf ungewöhnliche Weise, was allerdings ein Merkmal von Kreativität ist. Für diese Kreativität muss man ihm Anerkennung zollen, damit er auch in Zukunft motiviert ist, ungewöhnliche und eigenständige Lösungen zu entdecken, zu entwickeln und daraus zu lernen.

Durch erprobendes Handeln entwickeln sich Fantasie und Vorstellungskraft und durch diese wieder werden erfolgreich neue Handlungsmöglichkeiten erprobt. Durch erfolgreiche Handlungen entstehen Erfolgserlebnisse. Durch Erfolgserlebnisse entwickelt sich Selbstbewusstsein. Durch Selbstbewusstsein werden Kinder kompetent.

„Wer nicht fragt, bleibt dumm…" – Die Aneignung von Lebenswirklichkeit und das Wissen der Kinder

Kinder wollen keine fertigen Antworten erhalten, sondern selbst Fragen stellen. Sie wollen nicht belehrt werden, sondern die Chance erhalten, selbst zu lernen. Sie wollen die aktive Auseinandersetzung mit der Umwelt und dazu gehören Fragen und Antworten. Ein Kind ist nicht passives Objekt, Gegenstand der auf es gerichteten Erziehung und der Lernprozesse, in denen es sich befindet. Ein Kind gestaltet sein Leben und sein Lernen aktiv mit, ist motiviert und voller Energie in dem Prozess, sich Lebenswirklichkeit anzueignen. Lernen macht Kindern Vergnügen, neue Erkenntnisse und Wissen begeistern sie.

Durch die Fragen, die sie stellen, und die Antworten, die sie suchen, steuern Kinder ihre Erfahrungs- und Lernprozesse ganz aktiv mit. Interesse, Intelligenz, Fähigkeiten, die Freude am Tun und am Entdecken eigener Möglichkeiten dürfen nicht ungenutzt verkümmern, sondern bedürfen der Unterstützung und Förderung. Wenn Kinder sich nicht mehr trauen zu fragen, dann verlieren sie ihre weltoffene Neugier, ihren Entdeckergeist und damit auch die Chance, Erkenntnisse zu erwerben und Erfahrungen zu sammeln, die wichtig für die Entwicklung und die Entfaltung ihrer Persönlichkeit sind.

Spielen und Lernen, Wissen und Vorstellungskraft, Vernunft und
Illusion, Wirklichkeit und Fantasie können Kinder in einem einzigen
ganzheitlichen Lernprozess miteinander verbinden und verknüpfen.
Auf welche Anreize ein Kind jeweils anspricht, welche Fragen es sich
und der Umwelt stellt, ist je nach Alter und Entwicklungsstufe unterschiedlich. Maria Montessori hat von „sensiblen Phasen" gesprochen
(vgl. Maria Montessori, Kinder sind anders, 10. Auflage, München
1995), in denen Kinder eine extreme Lernbereitschaft für die verschiedensten Bereiche zeigen; erkennbar sind solche „sensiblen Phasen" an
einem kindlichen Verhalten, das geprägt ist von Neugier und Entdeckungsdrang. Doch wie kommt ein Mensch überhaupt auf die Idee,
Fragen zu stellen? Fragen zu haben und sie zu stellen, zeigt den
Wunsch nach Erkenntnisgewinn. Man möchte Hintergründe und
Zusammenhänge erfassen, um sich ein Bild machen und sich vielleicht
auch auf Dinge und Situationen einstellen zu können. So fragt man
sich als Erwachsener beispielsweise, wie man einen Autoreifen
wechselt, um notfalls auf eine solche Situation vorbereitet zu sein.
Ein gewisser Anlass, eine gewisse Beobachtung und ein Bedürfnis nach
Kenntnis und Selbständigkeit sind die Grundlage für diese Frage-
stellung. Fragen ergeben sich also aus gewissen realen oder vorgestellten Lebenssituationen und Lebenszusammenhängen.

Nach Zusammenhängen, von denen ein Mensch überhaupt keine
Kenntnis und Vorstellung hat, die ihn nicht berühren, von denen er
noch nie gehört hat, fragt man auch nicht, weil man überhaupt nicht
auf die Idee kommt, danach zu fragen. Man kann also nur nach Dingen und Zusammenhängen fragen, die irgendwie existieren, ob nun im
wirklichen Leben oder nur in der Vorstellung. Hierzu ein Beispiel:

Vor der Entdeckung der Elektrizität wäre kein Kind und kein Erwachsener auf die Frage gekommen, ob ein Stromschlag gefährlich ist.
Warum nicht? Elektrizität als physikalisches Phänomen war noch nicht

entdeckt und daher weder in der Vorstellungskraft noch in der wirklichen Erfahrung eines Menschen existent. Somit gab es dazu auch
keine konkreten Fragen, höchstens hypothetische nach dem Motto:
„Was wäre, wenn..."
Zu welcher Überlegung führt dieses Beispiel? Es führt zu der Erkenntnis, dass Kinder eine anregende Umgebung voller Reize brauchen,
damit ihr Forschergeist und ihre Neugier befriedigt werden können.
Durch verschiedene Anregungen, Erkundungen und Experimente
erhalten Kinder erst die fruchtbare Basis, um Fragen stellen und Antworten finden zu können. Hierzu gehören auch Fragestellungen, denen
wir als Erwachsene gar nicht mehr nachgehen, worüber wir gar nicht
mehr nachdenken, weil wir bestimmte Phänomene als gegeben und
selbstverständlich hinnehmen.

Scheinbar einfache Fragen wie „Warum ist ein Stein hart?", „Warum
sind Wolken manchmal dunkel und manchmal hell?", „Warum kann
ein See sowohl blau als auch grün und grau aussehen?", „Woher
kommt der Wind?", „Warum ist es im Kühlschrank kalt?" erstaunen
uns und manchmal müssen wir auch zugeben, dass wir sie nicht richtig beantworten können. Wir müssen das auch nicht unbedingt immer.
Viel wichtiger ist es, mit Kindern gemeinsam den Rätseln des Lebens
auf die Spur zu kommen, mit ihnen zusammen Antworten zu suchen.
Dann entwickeln sie Leistungsmotivation und setzen ihrem Handeln
Ziele, indem sie ihre Fähigkeiten und Fertigkeiten entfalten und täglich
neu erproben. Kinder eignen sich ihre Lebenswirklichkeit auf der Basis
einer Beziehung zu sensitiven und feinfühligen Erwachsenen an und
erwerben sich auf diese Weise Kenntnisse und Wissen über sich und
ihre Umwelt. Es ist ein Erkenntnis- und Erfahrungswissen, aber noch
nicht das analytische Erklärungswissen, welches in der Erwachsenen-
welt im Vordergrund steht. Es besteht aus Deutungen, Beobachtungen,
Erlebnissen und nicht aus Fakten. So wissen Kinder, dass Spaghetti
nach einer Stunde im Topf klebrig sind, dass man ein Handy aufladen

muss, dass alle Gegenstände, die hinfallen, immer zu Boden fallen. Sie erkennen Personen am Klang des Schrittes, sie wissen, wann die Mutter schlechte Laune hat und dass man sie dann lieber nicht um etwas bittet. Sie wissen auch, dass beim Wippen das leichtere Kind ein Stück nach hinten rutschen muss und das schwerere ein Stück weiter nach vorne, damit die Wippe ausbalanciert ist. Sie erwerben dieses Wissen täglich durch die vielen Aktivitäten, die sie allein oder mit anderen erleben. Im Grunde müsste man bei Kindern von einem „Erlebniswissen" sprechen, denn die Erlebnisse und Erfahrungen sind es, aus denen sie ihr Wissen konstruieren. Kinder erfassen die Prinzipien, wie etwas funktioniert, auch wenn sie die Gründe dafür noch nicht verstehen, weil sie zu abstrakt sind. So hat mir ein Kind einmal ein Bild mit einer Figur gemalt, bei der die Finger besonders deutlich gemalt waren. Die Erklärung auf meine Frage lautete: „Das Kaugummi ist jetzt in den Fingern." Im Gespräch wurde dann deutlich, dass die Mutter des fünfjährigen Jungen ihm erzählt hat, wie alle Nahrung im Magen verdaut wird und dann ins Blut gelangt. Der Junge wusste, dass in allen Körperteilen, auch in den Fingern, Blut ist. Nun hatte er aber ein Kaugummi versehentlich verschluckt. Aus den Worten seiner Mutter und den eigenen Erfahrungen kam er also zu der Erkenntnis, dass das Kaugummi nun in den Fingern sei. Auf der Basis seiner Entwicklung und Reife sowie seiner Erkenntnisse eine völlig schlüssige Überlegung. Sie zeigt, dass er das Prinzip des Verdauungsvorganges erfasst und darüber ein Wissen erworben hat, wenn auch ohne Kenntnis der biologischen Gründe und Details.

Über solches Wissen zu verfügen, ist für Kinder wichtig, denn damit können sie ihre Umwelt deuten, sich in ihr orientieren, was wiederum Sicherheit verleiht und sie motiviert, sich weitere Kenntnisse anzueignen. Dies bedeutet für die Arbeit mit Kindern, dass man ihnen viele Möglichkeiten zum Beobachten, Erkunden, Erforschen und auch Erfinden geben sollte. Forschen und Erfinden ist für Kinder der Schlüssel zur Welt.

„Lasst es uns zusammen ausprobieren…" – Die Aufgabe der Erwachsenen

Erwachsene sind Partner des Kindes. Dies ist eine Formulierung, die oft zu hören ist. Doch was bedeutet sie? Partner tragen Sorgen und Nöte, Erfolge und Freuden miteinander und teilen sie. Dabei werden Anteilnahme und Interesse am anderen vorausgesetzt. Diese Empathie entsteht, wenn man gemeinsame Interessen und Ziele hat, gemeinsame Erfahrungen macht und Erlebnisse austauscht.

Auch mit einem Kind ist der Aufbau einer partnerschaftlichen Beziehung möglich. Beziehung entsteht nicht allein durch Sympathie füreinander, sondern auch durch das Gespräch miteinander und durch das gemeinsame Tun und Erleben. Beziehung ist eine unverzichtbare Grundlage für jegliches pädagogisches Handeln.

Wenn sich Beziehung aber nicht nur über Gefühle und Gespräche, sondern auch über gemeinsames Handeln entwickelt, dann ist es wichtig, dass Erwachsene mit Kindern zusammen aktiv sind und nicht nur ihre Aktivitäten organisieren. Das bedeutet, mit ihnen gemeinsam die Welt zu entdecken und zu erforschen, sie mit den Augen der Kinder zu sehen. Miteinander zu forschen und zu erfinden heißt demzufolge nicht nur, Kinder bei ihren Aktivitäten gewähren zu lassen, sondern gemeinsam mit ihnen auf Entdeckungsreise zu gehen und Erfinder zu sein. Dazu müssen Erwachsene die eigene Lust auf Wissen wiederentdecken. Forschen und Erfinden mit Kindern soll bei diesen Neugierde, Entdeckungslust und Freude an kreativen Problemlösungen fördern. Dazu müssen Erwachsene bei den Kindern Fragen provozieren und sie eigene Antworten finden lassen. Sie müssen Bezüge zu Alltagserlebnissen und Naturerscheinungen herstellen, denn das ist die Lebenswelt, die das Kind interessiert. Sie müssen die Lernprozesse begleiten und organisieren, um Impulse setzen zu können. Dazu ist es wichtig, den Kindern nicht nur Erfolgserlebnisse zu ermöglichen, sondern diese mit ihnen zu teilen. Erfolg macht nur Spaß, wenn ein anderer ihn sieht.

Kinder lieben handwerkliches Tun, Erforschen, Erfinden und Abenteuer. Erwachsene können die Möglichkeiten und Bedingungen hierfür schaffen. Erwachsene haben neben der Aufgabe, die Kinder bei ihrem Tun und Entdecken zu begleiten, auch die Pflicht, die materiellen Voraussetzungen und Bedingungen für die Kinder zu schaffen, indem sie ihnen Mittel für ihre „Forschungstätigkeiten" anbieten.

Außerdem sollten sie in der Gruppe auf eine wertschätzende Kommunikation und Interaktion achten und ihr eigenes Staunen und ihre eigene Freude an der Umwelt vermitteln. Sie sollten die Kinder bei ihren Experimenten beraten und begleiten und den Erfahrungsaustausch der Kinder untereinander aktivieren. Ab und zu helfen technische Hinweise, um Kindern ein Vorankommen in ihren Forschungsaktivitäten zu ermöglichen. Erwachsene sollten aber vor allem Impulse setzen und Kinder anregen, sich den Forschungs- und Erfindungsaktivitäten zu widmen – durchaus auch dadurch, dass sie interessante Angebote machen.

In den folgenden Kapiteln werden hierzu Vorschläge gemacht und Anregungen gegeben, anhand derer Erzieherinnen in Kindertageseinrichtungen gemeinsam mit Kindern forschen und erfinden können. Bei allen Vorschlägen gilt das Grundprinzip von Maria Montessori: „Hilf mir, es selbst zu tun", das ergänzt werden könnte durch den Appell: „… und mach' du auch mit!"

Wasser, Erde, Luft und Licht –
Geheimnisse der Umwelt erkunden

In diesem Kapitel werden einige Methoden und Experimente zu den vier Elementen vorgestellt. Sie sind so aufgebaut, dass sich daraus jeweils didaktische Einheiten zusammenstellen lassen können. Die Hinweise zu Gesprächsimpulsen, Aktivitäten und Experimenten sind Anregungen, die variiert werden können und sollen, immer in Abhängigkeit von der Zusammenstellung der Gruppe und dem Alter der Kinder. Ziel ist das experimentelle Tun, das Beobachten und Erforschen, nicht aber die Erklärung physikalischer Gesetzesmäßigkeiten.

4.1 Wasser ist ein geheimnisvoller Stoff

Wasser scheint ein so selbstverständliches Element zu sein, dass man als Erwachsener gar nicht mehr auf die Idee kommt, sich darüber Gedanken zu machen. Für Kinder bietet Wasser aber ein ganzes Universum an neuen Entdeckungsmöglichkeiten.

Gespräch mit Kindern

Im Gespräch mit Kindern kann man sich die verschiedensten Gedanken über Wasser machen, seine Arten und Vorkommen besprechen. So kommt Wasser in Seen, Flüssen, Teichen, Meeren, Wasserfällen und Rinnsalen vor. Wasser gibt es auch in Flaschen und aus dem Wasserhahn. Wasser schmeckt unterschiedlich, was man anhand von Mineralwasser, Süßwasser aus dem Wasserhahn und Salzwasser gut erfahrbar machen kann.

Fragen zum Element Wasser:
Warum ist Wasser blau?
Wie kommt das Salz ins Meer?
Wohin geht das Wasser, wenn eine Blume in einer Vase steht?
Wie kann man Wasser fest werden lassen?

Aktivitäten

Wasserbilder
Vorschulkinder können „Wasserbilder" malen, am besten zu einem Thema, das ihnen die Erzieherin vorgibt, beispielsweise: „Malt, wo überall in der Natur Wasser vorkommt."

Collagen

In der Gruppe kann eine große Collage an die Wand gehängt werden,
auf der ausgeschnittene und aufgeklebte Fotos aus Zeitschriften und
Magazinen das Thema Wasser in allen seinen Varianten (Seen, Ufer,
Wasserfälle, Teiche, Meeresbrandung bzw. alle anderen Naturereignisse,
die mit Wasser zu tun haben) darstellen.

Wasserschöpfen

In einer Ecke können Aktivitäten zum Wasserschöpfen angeboten
werden. Dazu braucht man nur eine größere Wanne voller Wasser und
verschiedenste kleine, große, dicke und dünne Behälter, mit denen das
Wasser geschöpft und immer wieder umgegossen werden kann. Vor
allem jüngere Kinder lieben das Umschütten von einem Becher in den
anderen, bei dem gut aufgepasst werden muss, dass nichts verschüttet
wird.

Eis

Man kann Wasser auch zu Eis gefrieren lassen, indem man es in
Plastiktüten füllt und diese in den Gefrierschrank legt. Holt man die
Eisklumpen nach einer Weile wieder heraus, kann man sie von den
Tüten lösen, in eine Schüssel legen und beobachten, wie schnell sie
wieder auftauen.

Geschmackstest

Man kann auch einen Geschmackstest mit Wasser machen. Dazu
werden Mineralwasser, Leitungswasser und etwas salziges Wasser in
drei Gläser gefüllt. Mit verbundenen Augen sollen die Kinder von den
Gläsern probieren und unterscheiden, um welches Wasser es sich
jeweils handelt.

Experimente

Mit „Experimenten" sind Versuche gemeint, die einer gewissen Vorbereitung bedürfen und die sich nicht unbedingt spontan aus dem spielerischen Forschungsdrang der Kinder ergeben. Das Wichtigste bei der Durchführung von Experimenten ist das staunende Beobachten und das Suchen nach Antworten.

Wasser und Stoff

Dieses Experiment soll zeigen, wie ein Regenschirm funktioniert. Dazu zieht man ein Stück Stoff über ein volles Wasserglas und befestigt es mit einem starken Gummizug. Wenn man das Glas auf den Kopf stellt, läuft das Wasser trotzdem nicht aus.

Büroklammern im Wasser

Bei diesem Experiment lässt man Büroklammern ganz langsam in ein Wasserglas gleiten, das bis zum Rand mit Wasser gefüllt ist. Was fällt an der Wasseroberfläche auf? Wie viele Klammern passen ins Glas, ohne dass es überläuft? Man kann die Kinder vorher raten lassen.

Fisch aus Papier

Fertigt man einen Fisch aus Papier, schneidet in die Mitte des Fisches ein Loch und setzt diesen Fisch in eine Wasserschüssel, dann schwimmt der Fisch auf der Oberfläche. Wenn man dann ein paar Tropfen Spülmittel in das Loch in der Mitte des Fisches träufelt, geht der Fisch unter.

Küchenpapier

Küchenpapier schwimmt auf der Wasseroberfläche. Legt man mehrere Stücke nebeneinander auf das Wasser in einer Schüssel, dann schwimmen sie so lange, bis sie voll gesogen sind und untergehen. Doch vorher kann man noch Büroklammern auf das Papier legen, solange es noch schwimmt. Hat sich das Papier voll gesogen, schwimmen die Büroklammern immer noch oben auf dem Wasser.

Tropfen-Versuch

Bei diesem Versuch geht es darum, auf verschiedene Arten von Papier, wie z. B. Löschpapier, Schreibmaschinenpapier, Zeitungspapier, Butterbrotpapier und Küchenpapier, jeweils einen Tropfen Wasser aufzuträufeln. Das Wasser wird unterschiedlich schnell aufgesogen, was leicht zu beobachten ist. Noch leichter kann man dies beobachten, wenn das Wasser vorher mit einer Farbe eingefärbt wurde.

Postkarten-Trick

Der Postkartentrick ist ein etwas schwierigerer Versuch. Dazu wird eine Postkarte auf ein fast volles Wasserglas gelegt und das ganze Glas mit Schwung umgedreht, so dass die Öffnung nach unten zeigt. Lässt man die Karte nun ganz vorsichtig los, bleibt sie am Glasrand kleben. Klappt dies nicht beim ersten Mal, muss man es noch einmal versuchen.

Röhrchenversuch

Bei diesem Versuch stellt man zwei, an beiden Enden offene Glasröhrchen mit unterschiedlichem Durchmesser in einen Behälter mit gefärbtem Wasser. In dem dünneren Röhrchen steigt das Wasser höher als in dem dickeren Röhrchen. Solche Glasröhrchen kann man manchmal in Apotheken bekommen; man kann aber auch durchsichtige Kunststoffröhrchen nehmen.

Eine Flasche mit Wasser zum Platzen bringen

Es lohnt sich, diesen Versuch mit Kindern durchzuführen, obwohl er ein paar Scherben mit sich bringt. Man füllt eine Milchflasche voll Wasser, schraubt sie zu, wickelt sie in ein altes Handtuch, legt sie in den Gefrierschrank und schaut nach ein paar Tagen vorsichtig nach. Das Wasser gefriert zu Eis und die Flasche platzt aufgrund der Ausdehnung des Eises. Weil ein Handtuch benutzt wurde, kann aber nichts passieren: Man kann den Eisklumpen nebst Scherben mit dem Handtuch ganz einfach aus dem Gefrierschrank entfernen.

Mischung von Flüssigkeiten

Anhand einer Mischung von diversen Flüssigkeiten mit Wasser kann man erkennen, welche Flüssigkeit schwerer und welche leichter ist als Wasser. In ein Glas mit Wasser füllt man mit einem Löffel nacheinander roten Sirup und danach Salatöl ein, ohne umzurühren. Betrachtet man das Glas von der Seite, sieht man, dass der Sirup absinkt und das Öl auf der Wasseroberfläche schwimmt.

Salzwasserexperiment

Dieses Experiment zeigt, dass Salzwasser schwerer bzw. dichter als Süßwasser ist. In ein Glas Wasser werden zwei Esslöffel Salz gegeben und sorgfältig verrührt. Ein anderes Glas mit Wasser färbt man mit einem Tropfen blauer Farbe ein. Träufelt man nun mit einem Löffel oder einer Pipette einen Tropfen des blauen Süßwassers auf das Salzwasser, dann sieht man, wie das Süßwasser auf dem Salzwasser schwimmt. Man kann auch versuchen, noch mehr Salz in dem Salzwasserglas aufzulösen, so lange, bis sogar eine kleine Kartoffel auf dem Wasser schwimmt.

Auflösungsexperiment

Mit diesem Experiment kann man zeigen, dass es Flüssigkeiten gibt, die sich in Wasser auflösen und andere Flüssigkeiten, die sich nicht auflösen lassen. In verschiedene Wassergläser wird jeweils etwas Salz, roter oder grüner Sirup, Salatöl und etwas Spiritus gegeben. Trotz heftigen Umrührens kann man deutlich beobachten, welche Flüssigkeiten löslich sind und welche nicht. Interessant wird es, wenn man einen Löffel Muttererde in ein Wasserglas gibt. Dabei lösen sich nur einige Stoffe auf, Torf und Steinchenanteile natürlich nicht. Sie sinken auf den Boden des Glases.

Klärwerk

Ein solches kleines Klärwerk zur Reinigung von Wasser kann man mit den Kindern gemeinsam bauen. Nachdem die Kinder im vorhergehenden Experiment beobachtet haben, wie sich verschiedene Stoffe in Wasser auflösen oder nicht auflösen, einige der Stoffe das Wasser aber als Trinkwasser unbrauchbar machen, wie z. B. Öl, Spiritus und Erde, kann man versuchen, das Wasser wieder zu säubern. Dazu braucht man sechs durchsichtige Plastikbecher, einen Kaffeefilter, ganz feinen Sand (z. B. Vogelsand aus der Tierhandlung), etwas gröberen Sand, Kies und etwas Aktivkohle. In den Boden jedes Bechers werden zwei bis drei Löcher gestochen. In den untersten Becher werden zwar keine Löcher gestochen, aber ein Kaffeefilter wird mit einem Gummi so am oberen Becherrand befestigt, dass die Tüte nach innen in den Becher ragt. Darauf wird der nächste Becher, gefüllt mit zwei Finger breit Aktivkohle, gestellt. Darauf folgt der Becher, der gefüllt ist mit einer Schicht des feinen Sandes. Es folgt ein Becher mit einer Schicht groben Sands. In den obersten Becher werden kleine Kieselsteine eingefüllt.

Nun braucht man noch Schmutzwasser, das sich gut herstellen lässt, wenn man in einen kleinen Sandkasteneimer etwas Erde, Sand, zerbröselte trockene Blätter, zerriebene Malkreide und eine Schaufel Kehrdreck in der Gruppe mit Wasser verrührt und dieses eine Weile stehen lässt. Danach wird das Schmutzwasser in den obersten Becher gefüllt. Nun verfolgt man gemeinsam mit den Kindern, wie das

Wasser langsam durch die verschiedenen Schichten sickert, bis die ersten sauberen Tropfen im untersten Becher ankommen. Es dauert eine Weile. So können Kinder ganz anschaulich nachvollziehen, welchen Aufwand es bedeutet, verschmutztes Wasser wieder sauber zu bekommen.

Gibt man anstelle des Schmutzwassers Salzwasser in das Klärwerk, so werden die Kinder, wenn sie einen Finger in das im untersten Becher angekommene klare Wasser stecken und ablecken, feststellen, dass das Salz im selbst gebauten Klärwerk nicht aus dem Wasser gefiltert werden konnte. So sehen sie, dass es auch Stoffe gibt, die sich nicht einfach herausfiltern lassen.

Verdunstungsexperiment

Wie Salz aus Wasser wiedergewonnen werden kann, können Kinder bei diesem Experiment beobachten. Dazu wird eine gläserne, feuerfeste Auflaufform halb mit Wasser gefüllt und auf eine Herdplatte gestellt. Das Wasser wird langsam erhitzt. Dabei wird nach und nach Salz in das Wasser gerührt, solange, bis sich das Kochsalz nicht mehr löst und ein Bodensatz entsteht. Von dem Salzwasser wird ein Teil in eine andere hitzebeständige Glasschale geschüttet und zwar nur so viel, dass der Boden bedeckt ist. Die Kinder können probieren, ob das Wasser auch salzig schmeckt. Nun wird das Salzwasser ebenfalls erhitzt, so lange, bis sich auf dem Boden der Schale Salzkristalle bilden und kein Wasser mehr vorhanden ist. Wenn die Schale nicht bewegt wird, bilden sich mit etwas Glück schöne große Salzkristalle.

Auf diese Weise können Kinder nachvollziehen, wie man Salz aus dem Meer gewinnt. In den so genannten Salinen, großen, mit Meerwasser gefüllten, natürlichen oder künstlichen Becken erwärmt die Sonne das Wasser, bis es verdunstet und das Meersalz übrig bleibt. Vielleicht haben Kinder solche Salinen im Urlaub schon einmal gesehen. Dasselbe Experiment kann auch mit Zucker durchgeführt werden.

4.2 Erde bringt Leben hervor

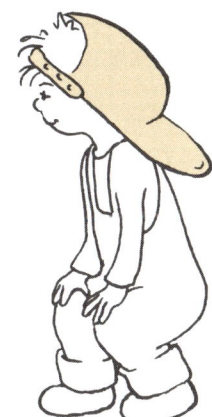

Erde ist ein Element, das mehr Möglichkeiten für Entdeckungen bietet als nur das reine Gärtnern mit Blumen, Kräutern oder Bäumen. Erde kann man mit allen Sinnen erleben und erforschen.

Gespräch mit Kindern

Zum Einstieg in die Erlebniswelt „Erde" kann man sich im Gespräch mit Kindern die verschiedensten Gedanken über das Element Erde machen, zum Beispiel auch darüber, dass mit dem Begriff Erde einmal die ganze Welt gemeint ist und ein anderes Mal der Boden, in dem etwas gepflanzt wird. Erde kann man sehen, riechen und anfassen. Ohne Erde gäbe es keine Pflanzen, ohne Pflanzen keine Tiere und Menschen. Erde kann trocken und feucht sein, fett oder mager, sie kann fruchtbar sein oder sandig, voller abgestorbener Wurzeln oder eher torfig, sie kann gelb, braun, rötlich oder schwarz aussehen.

Aktivitäten

Erde sehen und erforschen

Wenn man die unterschiedlichen Arten von Erde sehen und erforschen will, braucht man nur mit einem Spaten ins Außengelände der Kindertageseinrichtung, in den Garten oder in den Wald zu gehen. Zusammen mit den Kindern wird dann an ganz verschiedenen Stellen nach verschiedenen Erdarten gegraben. Jedes Kind hat ein bis zwei Behälter bei sich, in das es seine verschiedenen Erdproben legen und mitnehmen kann. Die Erde sieht an der Oberfläche oft anders aus, als wenn man tiefer gräbt. So können die verschiedensten Erdsorten gefunden werden: Walderde, die an der Oberfläche mit Tannennadeln und Blättern durchsetzt ist, und Lehmerde, die in tieferen Regionen zu finden ist. Alle Erdproben werden nach dem Ausflug nebeneinander aufgeschichtet, so dass jedes Kind alle verschiedenen Proben betrachten kann. Mit einer Gabel kann man die Proben etwas auflockern und mit einer Lupe nach kleinen Steinchen, Wurzeln und Lebewesen suchen, die oft in den Erdproben vorhanden sind.

Erde spüren
Wenn die Kinder mit den Händen in die Erdproben fassen, können sie die Unterschiedlichkeit der Erde spüren. Dazu muss man die Erde immer wieder langsam durch die Finger rieseln lassen. Erde aus dem Wald oder aus dem Garten fühlt sich anders an als gekaufte Blumentopferde. Lehmerde klebt mehr, ist zäher als sandige trockene Erde. Bietet man nun den Kindern auch etwas Sand und feinen Kies an, so werden die Unterschiede noch deutlicher.

Erde riechen
Die Erdproben werden dazu mit etwas Wasser aus einer Gießkanne begossen, die Kinder können sofort daran riechen. Jede Erdart riecht ein wenig anders, je nachdem, aus welchen Substanzen sie besteht.

Erdbilder
Erdbilder kann man malen, wenn befeuchtete Erde mit ein wenig Tapetenkleister angerührt und dann mit einem dicken Pinsel auf ein großes Blatt Papier aufgetragen wird. Der Kleister ist notwendig, um zu gewährleisten, dass die Erdpartikel sich nach dem Trocknen nicht vom Papier lösen. Auf diese Weise sind die unterschiedlichen Brauntöne der Erdproben auf weißem Papier besonders gut erkennbar.

Experimente

Schüttelglas

Um die verschiedensten kleinen Tiere in der Erde besser beobachten zu können, eignet sich ein Einmachglas als „Schüttelglas". Man gibt ein paar Löffel Muttererde in das Einmachglas hinein und schüttelt es. Durch das Schütteln werden die Käfer, Asseln, Spinnen und andere Kleinstlebewesen aktiv und können leichter beobachtet werden. Mit einer Lupe sieht man noch mehr.

Wie Abfall zu Erde wird

Wie Abfall zu Erde wird, zeigt folgendes Experiment, bei dem Kinder zwischen organischen und anorganischen Abfallmaterialien unterscheiden lernen. Gemeinsam wird ein Platz gesucht, wo Löcher gegraben werden können. Zur Vorbereitung dieses Experimentes sind einige Abfälle gesammelt worden, und zwar eine alte Plastiktüte, Zeitungspapier, verwelkte Blumen von einem Blumenstrauß, ein paar Stücke Obst und eine Weißblechdose. Nun werden fünf Erdlöcher nebeneinander ausgehoben. In das erste Loch kommt das Obst, in das zweite die Plastiktüte, in das dritte die verwelkten Blumen, in das vierte das zerknüllte Zeitungspapier und in das fünfte die Dose.
Die Löcher werden zugeschaufelt. Auf ein Pappschild wird der Inhalt eines jeden Loches gezeichnet oder geschrieben.
Nach vier Wochen werden die Löcher wieder aufgemacht. Die Kinder können sehen, wie sich die Gegenstände verändert haben und dass organische Stoffe, wie die Blumen und das Obst, verrottet sind.

Regenwurmglas

Wie die organischen Stoffe aufgenommen werden und welche Funktionen dabei die Regenwürmer haben, kann man an einem Regenwurmglas beobachten. Dazu wird ein großes Einmachglas mit Erde und ein bis drei Regenwürmern gefüllt. Die oberste Schicht sollten ein paar Blätter, Obstabfälle und etwas Gras bilden. Regenwürmer lieben die Dunkelheit, daher sollte um das Glas eine Röhre aus schwarzer Tonpappe angefertigt werden, die dicht um das Glas passt, aber abnehmbar ist. Nun kann man nach ein paar Tagen immer wieder einmal die Röhre abnehmen und beobachten, was sich im Glas verändert.

Terrarium

Ein Terrarium anzulegen bedeutet, die Sammelleidenschaft von Kindern anzuregen. In eine große flache Kiste wird Erde gegeben. Nun haben die Kinder die Möglichkeit aus gesammelten Schätzen der Natur, wie z. B. Blättern, Steinen, Stöcken, Baumrinde, Wurzeln etc., in diesem Terrarium eine Landschaft zu gestalten, die sich je nach Jahreszeit immer wieder verändern kann.

Erd-, Sand- und Kiesmuseum

Ein solches Museum kann leicht angelegt werden und entspricht ebenfalls der Sammelleidenschaft von Kindern. Dazu werden verschiedene Erd-, Sand- und Kiessorten von den verschiedensten Orten gesammelt und in Marmeladengläser gefüllt. Sand lässt sich auch mit Pulverfarben einfärben. Wenn man Sand und Farbpulver vermischt und dann durchsiebt, ist der Sand schön gleichmäßig eingefärbt. Schon allein mit dem Sand aus dem Sandkasten lassen sich zwei verschiedene Sorten Sand erzielen. Wenn man ihn mit einem Küchensieb durchsiebt, erhält man nämlich sehr feinen Sand. Die verbleibenden Steinchen im Sieb sind sehr körniger Sand.

Modelliermasse

Eine gute Modelliermasse erhält man aus Sand und Erde plus Fliesenkleber und etwas Wasser. Im Mischungsverhältnis 1 : 2 gibt man einen
Teil Sand und Erde in eine Schüssel, zwei Teile Fliesenkleber hinzu und
verknetet das Ganze mit ein wenig Wasser so, dass eine feste Masse
entsteht. Diese Masse lässt sich modellieren und ist nach 24 Stunden
so durchgetrocknet, dass sie bemalt werden kann.

Zen-Garten

Aus Sand lässt sich auch ein Zen-Garten anlegen, der im Kleinen das
Prinzip der großen asiatischen Zen-Gärten nachbildet. Dazu wird eine
flache große Auflaufform oder ein Backofenblech mit weißem Vogelsand gefüllt. Zwei Kieselsteine und vielleicht ein kleiner Zweig werden
auf den Sand in großem Abstand zueinander gelegt. Es sollten nie
mehr als fünf Gegenstände zur Dekoration benutzt werden. Nun
werden Linien mit einer Gabel oder einem Kamm so in den Sand
gezogen, dass sie um die Gegenstände herumführen und sie miteinander optisch verbinden. Die Linien sollten immer weiche Formen
haben. Jeden Tag kann ein neues Linienmuster in den Sand gezeichnet
werden.

4.3 Luft ist überall

Luft ist überall und sie ist unsichtbar. Doch man kann sie spüren, hören und sichtbar machen. Bevor man aber solche Experimente mit den Kindern unternimmt, sollte man sie im Gespräch auf das Thema vorbereiten.

Gespräch mit Kindern

Fragen Sie die Kinder, was Luft ist und wie man sie erfahren kann: Man kann Luft spüren, wenn man in Bewegung ist oder einem der Wind durch die Haare fährt. Bei Sturm spürt man am ganzen Körper, welche Kraft der Wind hat. Den Lufthauch spürt man besonders gut, wenn die Haut nass ist, also beispielsweise nach dem Schwimmen, Duschen oder Baden. Durch Luft können wir die verschiedensten Gerüche wahrnehmen: Nach einem Regen riecht die Straße anders als vorher. Bei einem Windstoß riechen wir Blumen und Gräser auf einer Wiese. Um an einer Orange zu riechen, saugen wir die Luft durch die Nase ein. Durch Luft werden Geräusche an unser Ohr getragen, aber Luftbewegungen selbst erzeugen ebenfalls Geräusche: Das Klappern von Fensterläden, das Rauschen von Baumkronen bei Wind, das Rascheln trockener Blätter im Herbst, wenn der Wind hindurchfährt. Man kann den pfeifenden Fahrtwind hören, wenn das Autofenster während der

Fahrt geöffnet ist. Und wenn Luft aus den Lungen zwischen den Zähnen gedrückt und der Mund gespitzt wird, kann man ein Pfeifen erzeugen. Luft selbst ist zwar durchsichtig, unsichtbar, man kann sie aber mittelbar doch sehen, wenn durch Luftzug Dinge in Bewegung gebracht werden oder leichte Teile in der Luft schweben. So kann man in einem Sonnenstrahl, der durch das Fenster fällt, manchmal Staubkörnchen tanzen sehen. Federn lassen sich durch die Luft pusten. An einem Windsack kann man erkennen, aus welcher Richtung die Luft kommt.

Man kann einen Ballon mit Luft füllen und beobachten bzw. auch hören, wie die Luft wieder entweicht. Über all diese Alltagsbeobachtungen kann man mit Kindern sprechen und Erfahrungen austauschen.

Aktivitäten

Zum Einstieg in weitere Experimente kann man zusammen mit den Kindern deren Alltagswissen über das Phänomen Luft in gemeinsame Aktivitäten umsetzen.

Pusten

Um Luft zu spüren, kann man sich gegenseitig in die Haare, ins Gesicht etc. pusten.

Fächer

Mit einem Fächer kann man Luftströme erzeugen, die deutlich auf Armen, Beinen und im Gesicht zu spüren sind. Dazu sollten Kinder Gegenstände suchen, die als Fächer besonders gut geeignet sind, um einen möglichst starken Luftstrom zu erzeugen. Aus Tonpapier können Fächer gefaltet und bemalt werden. Sie können auch aus Pappkarton ausgeschnitten werden.

Den Wind spüren

Wenn man nach draußen geht, dann kann man den Wind spüren, und wenn man gleichzeitig Arme und Beine ausbreitet, kann man bei stärkerem Wind auch spüren, wie die Luft durch die Kleider fegt und den Stoff bewegt.

Luft riechen

Man verteilt gut riechende Kräuter, wie z. B. Lavendel, Zimt, Zitronen- und Orangenschalen, einzeln in Dosen. Mit geschlossenen Augen können die Kinder versuchen, am Geruch zu erkennen, was sich in den Dosen befindet.

Unterschiedliche Luftgeräusche

Um Luft zu hören, kann man mit dem Mund unterschiedliche Luftge- räusche machen (Pfeifen, Pusten, Prusten, geräuschvolles Atmen etc.).

Geräusche mit dem Luftballon

Wenn man Luft in einen Luftballon bläst, gibt es ein bestimmtes Geräusch. Lässt man den Luftballon los und der Ballon wirbelt durch den Raum, während seine Luft entweicht, gibt es ein anderes Geräusch. Man kann die Öffnung des Luftballons auch zwischen Daumen und Zeigefinger beider Hände nehmen, etwas auseinanderziehen und schon entsteht ein durchdringendes Quietschen.

Luft sehen

Um „Luft zu sehen", braucht man nur einen Windsack, der an einem Stab festgemacht wird. Er kann aus dünnem Stoff bestehen oder auch aus Seidenpapier. Wird er im Freien aufgestellt, kann man beob- achten, aus welcher Richtung der Wind kommt.

Dinge durch die Luft schweben lassen

Viele Dinge kann man durch die Luft „schweben" lassen. So zum Beispiel Federn, die in die Luft geworfen werden, trockene Blätter oder Papierschnipsel.

Schwungtuch

Ein Schwungtuch zeigt deutlich, wie man Stoff durch die Luft schweben lassen kann. Wenn alle Kinder im Kreis stehen und das Schwungtuch anheben, dann geht es in die Luft und schwebt langsam wieder herunter. Schwungtücher müssen nicht unbedingt gekauft werden. Sie können auch aus langen Bahnen leichter Sommerstoffe zusammengenäht werden. Als „Schwungtuch" kann man auch so genannte „Abdeckfolie" aus dem Baumarkt benutzen. Wichtig ist nur, dass die Schwungtücher groß genug sind, damit eine Gruppe von mindestens sechs Kindern mit ihnen spielen kann.

Experimente

Blasrohr

Aus einer dünnen Pappröhre lässt sich ein einfaches Blasrohr herstellen. Auch die Röhren einer Küchenpapierrolle sind geeignet. An einer Seite wird eine solche Röhre nun so zugeklebt, dass keine Luft mehr entweichen kann. Aus der Längsseite der Röhre wird ein kreisrundes Loch aus der Pappe geschnitten. Legt man nun einen kleinen Filzball auf das Loch oder auch ein kleines Stück Tuch oder eine Feder und pustet durch das Rohr, dann fliegen der Ball, die Feder oder das Stückchen Tuch in die Luft.

Luftkissen

Ein Luftkissen ist leicht herzustellen. Dazu nimmt man eine kleinere Plastiktüte und verschließt die offene Seite mit Klebeband luftdicht nur so weit, dass an einer Ecke ein Trinkhalm befestigt werden kann, der in die Tüte ragt. Damit kann man die Tüte aufpusten. Dafür braucht man schon eine Weile. Legt man nun einen Stein auf die flache Tüte, dann können die Kinder probieren, wie lange es dauert, bis sie die Tüte so aufgeblasen haben, dass der Stein herunterkullert.

Luft und Feuer

Luft und Feuer sind zwei Elemente, die sich oft gegenseitig beeinflussen. Nicht nur, dass das Feuer den Sauerstoff aus der Luft braucht, um überhaupt brennen zu können, sondern Luftbewegungen beeinflussen auch das Feuer. Zu diesem Experiment wird ein Teelicht auf den Tisch gestellt und angezündet. Nun kann man die Kinder fragen, wie die Kerze gelöscht werden kann. Dies geht natürlich durch Auspusten, also durch heftige Luftbewegungen. Man kann die Kerze aber auch löschen, indem man Wasser auf das Feuer gießt. Auch das sollen die Kinder ausprobieren.

Dann nimmt man ein anderes Teelicht und stülpt ein Wasserglas darüber. Dieses Glas ist natürlich mit Luft/Sauerstoff gefüllt. Überlegungen darüber, ob nun die Flamme der Kerze sofort erlischt, nach kurzer Zeit ausgeht oder gar nicht ausgeht, sollen die Kinder anstellen, bevor der Versuch durchgeführt wird. Die Flamme verbraucht natürlich den Sauerstoff, der sich noch unter dem Glas befindet und brennt daher noch eine Weile. Ist dieser völlig verbraucht, erlischt die Flamme. Somit ist klar, dass Feuer Luft zum Brennen braucht. Gibt man Wasser auf die Kerzenflamme, so löscht es diese also nicht, weil es nass ist, sondern weil das Wasser der Flamme in dem Moment, da es über die Flamme gegossen wird, die Luft bzw. den notwendigen Sauerstoff nimmt. Dieses Experiment kann mit einem kleineren und mit einem größeren Wasserglas noch erweitert werden. Die Kerzenflamme unter dem größeren Wasserglas wird selbstverständlich länger brennen. Man kann ein Glas auch über mehrere Teelichter stülpen und das Verhältnis der Anzahl der Flammen zur Größe des Glases hinsichtlich der Dauer bis zum Verlöschen untersuchen. So finden die Kinder heraus, dass in einem doppelt so großen Glas zwei Teelichter genauso schnell verlöschen, wie ein Teelicht in einem halb so großen Glas.

Flaschenexperiment

Wie Luft sich ausdehnen kann, wenn sie erwärmt wird, zeigt das Flaschenexperiment. Dazu werden zwei bis drei leere Glasflaschen eine halbe Stunde lang in einem Kühlschrank abgekühlt. Dabei wird nicht nur das Glas, sondern auch die Luft in der Flasche abgekühlt. In eine Schüssel wird heißes Wasser ca. 5 cm hoch eingefüllt. Die kalten Flaschen werden aufrecht in das heiße Wasser gestellt und der oben offene Flaschenhals wird mit einer passenden Geldmünze verschlossen. Sobald sich die Luft in der Flasche durch das heiße Wasserbad erwärmt, hebt sich die Münze mit einem klingenden Geräusch für einen Moment vom Flaschenhals ab. Die Kinder müssen sehr aufmerksam sein, um diesen Augenblick nicht zu verpassen, und sie müssen still sein, um das Geräusch zu hören. Für diesen Versuch eignen sich besonders Flaschen, die einen dickeren Glasboden haben und in dem heißen Wasser stehen bleiben.

4.4   Licht erhellt die Welt

Licht ist ein Phänomen des Alltagslebens, mit dem Kinder ganz selbstverständlich umgehen. Licht kennen sie durch Naturphänomene, wie z. B. die Sonne, den Mond, die Sterne und den Wechsel von Tag und Nacht. Außerdem entsteht durch Feuer Licht. Die Kinder beobachten, wenn Kerzen angezündet werden. Es gibt aber auch das künstliche Licht einer Taschenlampe, einer Stehlampe oder das von Autoscheinwerfern.

Gespräch mit Kindern

Um das Thema „Licht" aufzugreifen, kann man mit Kindern ein Gespräch beginnen, in dem man sie fragt, welche Dinge oder Gegenstände Licht spenden. Sie werden schnell die Gegenstände ihres Alltags aufzählen: Lampen verschiedenster Art, Autos, Sonne, Mond und Sterne sowie Feuer. Anhand solcher Aufzählung und Sammlung kann man mit den Kindern zwischen natürlichem und künstlichem Licht unterscheiden. Außerdem kann man herausarbeiten, dass viele Gegenstände, die Licht erzeugen, dabei auch warm oder heiß werden, wie z. B. eine Glühlampe oder eine Kerze. Aber nicht alle Gegenstände, die Wärme abgeben, erzeugen gleichzeitig auch Licht, wie z. B. die heiße Herdplatte oder eine Zentralheizung. Manchmal merken wir erst die Wärme, wenn wir dem lichtverbreitenden Gegenstand nahe kommen, so zum Beispiel bei einer Kerze oder bei einer Glühlampe. Die Sonne spendet hingegen Licht und je nach Jahreszeit unterschiedliche Wärme.

Aktivitäten mit Kindern

Um den Unterschied zwischen natürlichem und künstlichem Licht für Kinder erfahrbar zu machen, lassen sich viele einfache Aktionen durchführen.

Taschenlampenspiele

Taschenlampenspiele eignen sich besonders für einen abdunkelbaren Raum, wie z. B. einen Turn- oder Mehrzweckraum. Jedes Kind erhält dabei eine Taschenlampe und versteckt sich in dem Raum in einer Ecke oder hinter großen Gegenständen. Alle sind ganz still. Ein Kind muss nun mit der angeschalteten Taschenlampe ein anderes Kind im Dunkeln finden. Ist dieses Kind gefunden, verstecken sich alle Kinder neu und das Kind, das gefunden wurde, ist nun an der Reihe, mit Hilfe der Taschenlampe die anderen Kinder zu finden. Man kann das Glas der einzelnen Taschenlampen auch mit farbigem Transparentpapier bekleben. Dann gibt es farbige Lichtschimmer in Rot, Grün, Blau oder Gelb.

Geschichten mit dem Taglichtprojektor

In einem abgedunkelten Raum wird ein Taglichtprojektor aufgestellt. Er sollte möglichst weit von einer Wand entfernt aufgestellt werden, damit eine möglichst große Wandfläche beleuchtet wird, wenn er angeschaltet ist. Nun werden auf die Glasfläche des Projektors verschiedene flache Gegenstände gelegt, wie z. B. eine Schere, Büroklammern, Metallringe. An der Wand erscheinen sie deutlich vergrößert und manchmal auch verfremdet. Die Kinder erfinden dann eine kurze Geschichte zu den Gegenständen, die sie an der Wand sehen. Es geht darum, immer weitere Gegenstände zu suchen, die in der Einrichtung zu finden sind, um möglichst ungewöhnliche Effekte an der Wand zu erzeugen. So kann auch farbiges Transparentpapier in die Versuche einbezogen werden, ebenso Naturmaterialien wie Zweige von Nadelbäumen, Blätter, Federn und vieles mehr.

Folienbilder

Diese Aktivität ist eine Erweiterung der vorhergehenden. Man bietet dazu den Kindern Taglichtprojektorfolien an und Folienstifte, deren Farben wasserlöslich sind. Dann legt man die von den Kindern gemalten Bilder auf die Glasplatte des Projektors. Man kann auch mehrere bemalte Folien übereinander legen, was wiederum neue Effekte erzeugt. Sind die Folien mit wasserlöslichen Stiften bemalt, kann man sie immer wieder abwischen und neu benutzen.

Selbst gemalte Dias

Selbst gemalte Dias können mit Kindern auch hergestellt werden. Dazu gibt man ihnen gekaufte Glasdias, deren Rahmen sich öffnen lässt. Nun wird das Glas der Dias von innen mit Filzstiften bemalt. Da diese aber auf Glas einen unregelmäßigen Farbauftrag haben und die Farbe sich nicht flächig deckend auftragen lässt, sondern sich an vielen Stellen zusammenzieht, kommt es zu ungewöhnlichen Farb- und Formeffekten. Sind die Dias von innen bemalt, klappt man die Rahmen wieder zu und ordnet sie in die Box des Diaapparates. Stellt man diesen nun in einiger Entfernung von einer Wand auf, dann erscheinen große, farbige, bizarre Bilder auf der Wand. Der Effekt ist faszinierend. Man kann mit den Kindern überlegen, woran das bizarre Farbbild an der Wand erinnert.

Schattenspiele

Schattenspiele lassen sich sehr einfach durchführen, wenn man ein ausgebreitetes weißes Bettlaken von der Decke herunterhängen lässt. Man kann auch eine Leine spannen und das Bettlaken darüber legen. Dann wird der Lichtkegel einer Lampe von hinten auf das Bettlaken gerichtet. In diesem Lichtkegel stellen Kinder etwas pantomimisch dar, wie z. B. Gespenster, Tiere oder auch Sportarten. Die restlichen Kinder, die im dunklen Raum vor der Leinwand sitzen, müssen raten, was dargestellt wird.

Schattentheater

Ein Schattentheater lässt sich auch für den Tisch herstellen. Dabei wird auf einen Holzrahmen weißes oder beigefarbenes Transparentpapier geklebt. Statt eines Holzrahmens können auch Pappröhren von Küchenkrepppapier genommen werden. Schattenfiguren werden aus schwarzem Fotokarton ausgeschnitten. Wenn man nun zum Beispiel einen Berg, eine Tanne, eine Eule, einen Mond und ein Gespenst ausschneidet und sowohl den Berg als auch die Tanne auf ein Stück Pappe so aufklebt, dass sie frei aufrecht stehen können, dann sind die wichtigsten Requisiten für eine „Gespensterlandschaft" schon geschaffen. Der Berg und die Tanne werden von hinten nahe an den aufrechtstehenden, mit Transparentpapier bespannten Rahmen herangeschoben. An das Gespenst, die Eule und den ausgeschnittenen Mond werden mit Klebeband hölzerne Stäbchen senkrecht hochstehend angeklebt, so dass Kinder die Figuren mit den Stäbchen bewegen können.

Wird nun der Lichtkegel einer Tischlampe auch von hinten auf das Transparentpapier gerichtet, dann ist das Schattentheater perfekt und eine gruselige Mondnacht kann dargestellt werden, in der die Eulen rufen und ein kleines Gespenst über Berge und Bäume streicht.

Die Lichteffekte sind natürlich in einem abgedunkelten Raum besonders reizvoll. Die Kinder können immer neue Requisiten für das Schattentheater ausschneiden oder auch Naturmaterialien wie Tannenzapfen, Zweige und Blätter verwenden. Wichtig ist nur, dass alle Gegenstände auf eine kleine Pappunterlage so aufgeklebt werden, dass sie aufrecht stehen.

Der Umgang mit künstlichem Licht ist Kindern oft vertrauter als der Umgang mit natürlichem Licht, für das wir zumeist Feuer brauchen. Da bei Feuer Verbrennungsgefahr besteht, gestatten wir es Kindern eher selten, mit diesem Element Erfahrungen zu machen. Doch der gelungene, angeleitete Umgang mit Feuer ist oft der beste Schutz vor Gefahren. Daher beziehen sich die folgenden Experimente auf den Umgang mit Feuer. Der Umgang mit Kerzen gehört hierzu.

Kerzen

Die Erzieherin stellt mehrere unterschiedliche Kerzen auf den Tisch, dicke und dünne, hohe und flache, Kerzen mit einem kurzen und Kerzen mit einem langen Docht. Danach zündet sie diese zusammen mit den Kindern an. Es ist ratsam, dazu extra lange Streichhölzer zu nehmen, weil sie in der Hand des Kindes nicht so schnell abbrennen. In einem dunklen Raum kann man nun mit Kindern beobachten, dass eine einzelne brennende angezündete Kerze nur wenig Licht verbreitet. Mit jeder weiteren angezündeten Kerze wird es immer heller. Sind beispielsweise zehn und mehr große Kerzen auf einem Tisch angezündet, kann man schon deutlich die Gesichter aller um den Tisch herumsitzenden Kinder sehen. Nun kann man die unterschiedlichen Flammen beobachten. Kerzen mit einem kurzen Docht haben andere Flammen als Kerzen mit einem langen

Docht. Man kann die Kinder auch auffordern, die Farben in den Flammen zu beschreiben. Wenn man vorsichtig pustet, bewegen sich die Flammen. Pustet man nur von einer Seite, dann bewegen sich alle Kerzenflammen in dieselbe Richtung. Wenn man Kinder alle Kerzen auf einmal anzünden lässt, dann beginnen sie meistens mit derjenigen Kerze zuerst, die ihnen auf dem Tisch am nächsten steht. Sie werden aber schnell erfahren, dass es ihnen am Arm warm wird und die Kleidung gefährdet ist, wenn sie über die bereits brennenden Kerzen hinübergreifen müssen, um die in der Mitte stehenden Kerzen anzuzünden. Aus diesen Erfahrungen kann eine spielerische Übung werden, in der alle Kerzen auf dem Tisch immer wieder ausgepustet werden und ein Kind nach dem anderen auf möglichst geschickte und ungefährliche Weise (natürlich von innen nach außen) wieder alle Kerzen anzünden darf. Die Kinder lernen dabei auch, dass Wachs auf den Tisch spritzen kann, wenn die Kerzen zu heftig ausgepustet werden. Brennen alle Kerzen, so verströmen sie eine deutlich fühlbare Wärme. Streckt man die Hände aus, kann man die Wärme umso deutlicher fühlen, je näher die Hände den Flammen kommen. Wenn mit Kindern solche Erfahrungen und Aktivitäten angeleitet durchgeführt werden, begleitet von den entsprechenden Hinweisen, niemals ohne einen Erwachsenen mit Feuer zu spielen, dann halten sie sich auch daran. Denn durch ihre Beobachtungen und Erfahrungen bemerken sie sehr deutlich die gefährliche Seite des Feuers.

Malen von Feuer

Eine weitere Aktivität ist das Malen von Feuer. Kinder sollen hierzu miteinander erst einmal besprechen, in Kombination mit welchen Gegenständen es Feuer gibt: Kerzen, Lagerfeuer, Feuerwerk, Kamin, Laterne, Zigaretten, Osterfeuer. Dieses Malen von Feuer kann ein Einstieg in gezielte Experimente sein, bei denen das Wesen, die Eigenart und auch die Gefährlichkeit von Feuer erforscht werden sollen.

Experimente

Feuer machen

Dieses Experiment sollte im Freien und immer unter Aufsicht durchgeführt werden. In jedem Fall muss die Erzieherin den Kindern erklären, dass sie dieses Experiment niemals alleine und nie im Sommer im Wald oder auf einer trockenen Wiese durchführen sollen, um keinen Wald- oder Flächenbrand zu verursachen!
Die Kinder sammeln trockenes Gras und Holzstöckchen, die in eine Erdmulde gelegt werden. Es ist wichtig, ihnen zu erklären, dass die Erdmulde der Sicherheit dient, denn Feuer ist nur schwer zu kontrollieren. Dann können die Kinder überlegen, wie Menschen Feuer gemacht haben, als es noch keine Feuerzeuge und Streichhölzer gab. Dann nimmt man eine Lupe, lässt die Sonnenstrahlen einfallen (das Experiment funktioniert nur im Sommer) und versucht, mit der Lupe den Abstand so herzustellen, dass die gebündelten Strahlen das Gras entflammen. Meistens gelingt es nur, eine Rauchentwicklung zu erzielen, wenn das Gras feucht ist. Gibt man ein wenig Zeitungspapier dazu, gelingt es schon eher, ein Feuer zu entzünden.

Lagerfeuer

Brennt nun das Lagerfeuer, können sich alle im Kreis darum setzen. Die Feuerstelle kann mit Steinen abgegrenzt werden. Die Kinder sollen sich gegenseitig im Umgang mit dem Feuer Tipps geben. Im Gespräch können sie herausfinden, welches Material brennt und welches nicht. Am Schluss kann man sie noch erproben lassen, wie ein größeres Feuer gelöscht werden kann. Wenn sie es mit Pusten versuchen, kommen sie nicht weiter, aber ein paar Schaufeln Erde lassen das Feuer verlöschen.

Am Lagerfeuer Stangenbrote und Kartoffeln zubereiten

Wenn man mit Kindern an einem warmen Abend gemeinsam ein
Lagerfeuer macht, dann kann man mit ihnen Stangenbrote und Kar-
toffeln im Feuer zubereiten. Dazu wird ein einfacher Mehlteig aus
Wasser, Salz, Mehl und etwas Backpulver hergestellt, wie er auch für
Weißbrot zubereitet wird. Ein Klumpen von diesem Teig wird nun auf
einen langen, entrindeten Holzstab gesteckt und so lange in die Hitze
gehalten, bis das Brot gar ist. Außerdem kann man noch sehr kleine
Kartoffeln in Alufolie einwickeln und am Rande des Lagerfeuers in die
Glut legen. Da nicht alle Kinder die Geduld haben, mit den Stöcken
in der Hand so lange zu warten, bis ihr Brot gar geworden ist, kann
man sich kleine Astgabeln suchen, diese in den Boden um das Feuer

stecken, den Ast mit dem Brot so in die Gabel hineinlegen, dass er schräg zum Feuer ragt und das Brot sich selber überlassen. Man braucht dann den Stab nicht mehr die ganze Zeit in der Hand zu halten.

Solche Lagerfeuer im Außengelände sind eine herrliche Erfahrung und können zur Verabschiedung der zukünftigen Schulkinder in Zusammenhang mit einer Übernachtung in der Einrichtung durchgeführt werden. Es geht dabei nicht darum, alles perfekt vorzubereiten und durchzuführen. Auch wenn das Stangenbrot noch etwas matschig und nicht ganz gar ist, wenn die Kartoffeln verkohlt sind, die Erfahrung eines Lagerfeuers können die Kinder heute kaum noch machen. Sie ist daher etwas ganz Besonderes.

Streichholztrick

Der Streichholztrick ist ein Versuch, an dem Kinder gut beobachten können, wie eine Flamme auf heißes, brennbares Material überspringt. Dazu zündet man mit einem Streichholz eine Kerze an. Das Streichholz wird sofort ausgepustet. Hält man nun das abgebrannte Streichholz ganz dicht neben die Kerzenflamme, dann entzündet sich das Streichholz plötzlich wieder, auch ohne dass es mit der Flamme direkt in Berührung gekommen wäre.

5 Ein Forscherlabor, eine Experimentierwerkstatt, eine Wasserwerkstatt im Freien

In Kindertageseinrichtungen gibt es viele Funktionsecken, in denen Kinder sich selbst beschäftigen, spielen und vieles erproben können. Dazu gehören die bekannten Rollenspielecken, Bauecken, Leseecken, Bastelecken, Kuschelecken. In Einrichtungen, die ein so genanntes „Offenes Konzept" haben, werden die Räume zu bestimmten Funktionsräumen wie Bewegungsraum, Werk- und Gestaltungsraum oder „Snoezelen-Raum", in dem vielfältige sinnliche Erfahrungen möglich sind, hergerichtet.

Ein „Forscherlabor"

Auffallend ist jedoch, dass kaum eine Einrichtung ein „Forscherlabor" anbietet, obwohl doch gerade das Entdecken und Erfinden, das Forschen und Erleben, das Erkunden und Erfahren wesentliche Bedürfnisse und Antriebskräfte eines Kindes im Vorschulalter sind. Die Betätigung in diesen Bereichen fördert seine kognitiven Fähigkeiten, seine Kreativität und den Prozess der Aneignung von Lebenswirklichkeit. Um dies zu unterstützen, bedarf es wie auch in den anderen Lernbereichen einer „vorbereiteten Umgebung" (Maria Montessori), die einem Kind Impulse und Anreize bietet, selbständig und eigenaktiv den Geheimnissen der Lebenswelt auf die Spur zu kommen. Dazu brauchen Sie einen Raum, eine Ecke oder einen ein wenig abgeteilten Platz im Flur, in der Halle oder auch im Gruppenraum bzw.

Gruppennebenraum. Mit den Kindern wird gemeinsam überlegt, wo der beste Platz ist, um ein „Forscherlabor" einzurichten. Dieser Bereich wird dann mit Raumteilern, Schränken, Regalen, Pflanzen oder auch aufgehängten Tüchern etwas abgetrennt. Nun wird überlegt, welches Material zum Forschen und Erfinden notwendig ist. Die Kinder werden viele Ideen haben für Materialien, die man in der Einrichtung und im Außengelände suchen und sammeln kann: Naturmaterialien wie Erde oder Steine, aber auch verschiedene Papiersorten, Küchengeräte, Wolle und verschiedenes mehr.

Zum richtigen Forschen und um physikalischen Gesetzen auf die Spur zu kommen, braucht man aber auch Instrumente, die die Eltern stiften oder die angeschafft werden. Dazu gehören: Lupen, Magnete, vielleicht ein Mikroskop, ein Fernrohr oder ein Opernglas, ein Kaleidoskop, Kristalle, Spiegel, farbige Folien, ein Tageslichtprojektor und die dazugehörigen Folien, eine Tischlampe, Plastik- und Glasbehälter, in denen gesammelte Dinge bis zur „Untersuchung" aufbewahrt werden, Kisten und Schachteln. Das Forscherlabor muss nicht an einem Tag hergerichtet sein. Seine Ausstattung kann mit den Ideen und den Dingen, die die Kinder gesammelt haben, wachsen. In diesem Labor sollten kleinere gesammelte Gegenstände aus Natur und Umwelt möglichst in Gläsern aufbewahrt und, gut sichtbar, geordnet aufgestellt werden. Wenn Kinder sehen können, was in Gläsern aufgehoben wird, dann geht von dieser visuellen Wahrnehmung oft schon ein Reiz aus, sich mit einem bestimmten Material zu beschäftigen, es zu entdecken oder für bestimmte Aktivitäten zu verwenden.

Material in Gläsern
Material in Gläsern könnten Steine sein, nach verschiedener Größe und Art sortiert, Sandproben, sortiert nach Farbe oder Art, Erdproben, Kerzenreste, Kastanien, Eicheln oder Bucheckern, getrocknete Gräser oder Pflanzenteile, Tierhäuser, z. B. von Schnecken oder Muscheln.

Einige der in diesem Buch beschriebenen „Experimente" können mit der Erzieherin gemeinsam im Forscherlabor durchgeführt werden. Das dazu benötigte Material bleibt dann in der Forscherecke. So haben die Kinder die Möglichkeit, aus eigenem Antrieb manche der Experimente und Aktivitäten zu wiederholen und sie anderen Kindern zu zeigen oder eigene Versuche zu erfinden. Natürlich kann auch außerhalb des Forscherlabors geforscht werden; in der Einrichtung, im Außengelände, bei Spaziergängen. Es ist aber wichtig, einen bestimmten Bereich für diese Aktivitäten bereitzustellen, damit die Kinder wissen, wo sie die gesammelten Gegenstände lagern und sortieren können und auch, damit sie einen Rückzugsbereich haben, in dem sie sich konzentriert und ungestört ihrem entdeckenden Lernen widmen können.

Eine Experimentierwerkstatt

Das „Forscherlabor" kann sich auf diese Weise zu einer „Experimentierwerkstatt" entwickeln. Diese kann die kindliche Lust und Neugier anregen, auch verborgene Dinge zu entdecken, die nicht nur in der Natur vorhanden sind, sondern ebenfalls im alltäglichen Leben. Dazu werden Telefone, Wecker, eventuell auch Uhren, Radios und andere Geräte, wie alte Schallplattenspieler oder auch ein alter Computer zum „Auseinanderbauen" gesammelt.

Die Idee dabei ist, dass etwas sorgfältig in seine Einzelteile zu zerlegen, auch bedeutet, etwas zu analysieren. Kinder sind neugierig, wie so manche Geräte von innen aussehen. Das vorsichtige Auseinanderbauen und -schrauben bedeutet für sie, den noch so kleinen Teilen Beachtung zu schenken und zu beobachten, an welcher Stelle sie montiert waren. Auch das so gewonnene, auseinander genommene Material wird weitgehend geordnet und in transparenten Behältern bzw. Gläsern aufbewahrt. So kommen eine Menge Schrauben, Muttern, Unterlegscheiben, farbige Kondensatoren und Kabel sowie Elektronikchips und auch Zahnrädchen von alten Uhren zusammen.

Reliefbilder

Dieses Material wird wiederum zu neuen Erfindungen zusammengesetzt, wie z. B. zu Reliefbildern. Hierbei wird Gips ca. 3 cm hoch in einen flachen, rechteckigen Karton oder in eine Kunststoffschüssel gegossen. Man wartet ein wenig, bis der Gips etwas fest wird. Anstatt nun die eigenen Hände oder Muscheln hineinzudrücken, wie es sonst üblich ist, werden die Werkteile der auseinander genommenen Geräte in den Gips gedrückt und vielleicht auch zusätzlich die einzelnen Teile mit den ausgebauten Kabeln verbunden. So können die Kinder neue „Maschinen" kreativ herstellen und ihnen eine Fantasiefunktion zuordnen. Vielleicht eine „Zimmeraufräummaschine", die bewirkt, dass plötzlich alle Kinder schnell aufräumen.

Angst-Verschwinde-Kiste

Auch eine „Angst-Verschwinde-Kiste" kann in der Experimentierwerkstatt aus Maschinenteilen und gesammelten Gegenständen gebaut werden. Dazu wird eine große Kiste aus Pappkarton mit Stoffen, Papier, Glimmer beklebt. Zusätzlich werden Kabel, Drähte und andere Metallteile daran befestigt. In den Karton wird mit einem Federmesser ein großer Schlitz geritzt. Die Kinder können nun auf die Karten aufmalen, wovor sie manchmal Angst haben. Sie können auch versuchen, die Angst selbst durch Farben darzustellen. Dann werden die Bilder in den Karton gesteckt und verschwinden.

Neugierapparat

So kann auch ein „Neugierapparat" gebaut werden. Ein kleiner Karton mit einem Deckel (beispielsweise ein Schuhkarton) wird von außen mit verschiedenen Materialien beklebt, bemalt und gestaltet. Der Deckel wird ebenfalls gestaltet. An einer schmalen Seite des Kartons wird ein Loch eingeschnitten, gerade so groß, dass eine Kinderhand hindurch passt. In den Karton werden nun verschiedene Gegenstände aus dem „Forscherlabor" oder der „Experimentierwerkstatt" gelegt. Die Kinder können nacheinander in den wieder verschlossenen Karton fassen und sollen durch Tasten erraten, was sich darin befindet.

Eine Wasserwerkstatt

Abgesehen von den Experimenten, die im vierten Kapitel in Verbindung mit Wasser vorgestellt wurden, ist eine „Wasserwerkstatt" im Freien, vor allem im Sommer bei heißen Temperaturen, ein besonderes Vergnügen. Darüber hinaus bietet sie die Möglichkeit, vielfältige Erfahrungen mit dem Element Wasser und seinen kühlenden bzw. fließenden Eigenschaften zu machen. Außerdem kann der eigene Körper in das Experiment einbezogen werden; die Kinder fühlen das Wasser auf der Haut.

Wasserstellen

Zunächst werden überall in der Einrichtung und auch draußen Wasserstellen gesucht, die schon vorhanden sind: die Spüle in der Küche, die Wasserhähne im Waschraum, die Toilettenspülung, eventuell die Wasserpumpe im Garten und auch die volle Gießkanne auf einer Fensterbank. Jede Wasserstelle, jeder Wasserhahn und jede Maschine, die an Wasser angeschlossen ist, macht ein anderes Geräusch, wenn das Wasser läuft. Die Kinder können die Geräusche der Wasserstellen mit Hilfe des Kassettenrekorders aufnehmen und sie anderen Kindern vorspielen. Diese müssen wiederum erraten, von welcher Wasserstelle das Geräusch stammt.

Wasserbehälter

Nun können die Kinder Wasserbehälter zusammentragen, von zu Hause mitbringen, in der Einrichtung suchen und sammeln, in denen sie Wasser auffangen, in das sie Wasser gießen, umschütten können, mit denen sie spritzen und tropfen können. Hierzu gehören kleine und große Becher, Töpfe, dünne und dicke Schläuche, Wasserrohre, Trichter, Siebe, Flaschen, Eimer, Messbecher, Gläser. Diese werden alle ins Außengelände neben eine Wasserstelle platziert. Viele Einrichtungen haben im Außengelände eine Wasserpumpe installiert. Ist diese nicht vorhanden, müssen eben eine oder mehrere Wannen voll Wasser aufgestellt werden. Man kann auch ein aufblasbares Planschbecken verwenden, in das Wasser gefüllt wird.
Nun werden die Kinder aufgefordert, möglichst oft Wasser von einem Behälter in den anderen umzuschütten und zwar so, dass dabei so wenig Wasser wie möglich verschüttet wird. Angesichts der verschiedenartigen Behälter mit ihren unterschiedlichen Fassungsvermögen lernen die Kinder, dabei sehr schnell Mengen einigermaßen einzuschätzen. Vorsichtiges Gießen in kleinere Behälter fördert die Konzentration und die Feinmotorik. Die Kinder entdecken auch, dass die unterschiedliche Größe zweier Gefäße dazu führt, dass die Wasserhöhe

unterschiedlich ist, obwohl die gleiche Menge Wasser aus einem Messbecher eingefüllt wird.

Wassergeräusche

Solche Geräusche können Kinder selbst herstellen und auch mit dem Kassettenrecorder aufnehmen. Pustet man mit dem Mund oder auch mit einem Strohhalm Luft in einen Becher, dann „blubbert" es. Lässt man Wasser ganz langsam in einen leeren Plastikeimer tropfen, dann plätschert es. Gießt man mit Schwung Wasser in einen leeren Eimer, dann rauscht es ähnlich wie bei einem Bach. Gießt man Wasser aus ca. 50 cm Höhe mit einem Mal aus einem Eimer auf die Wiese, dann „platscht" es richtig. Wasser, das langsam auf einen kleinen Berg voller Kieselsteine geschüttet wird, erzeugt ein rieselndes Geräusch.

Wasserleitung

Im Außengelände kann man zusammen mit Kindern auch eine Wasserleitung bauen. Dazu müssen verschiedene Rohre und dickere Schläuche ineinander gesteckt werden. Besonders eignen sich hierfür Abflussrohre verschiedener Größe, die preiswert in Baumärkten zu bekommen sind. Nun werden Gegenstände gesucht, die so unter die Rohre gelegt werden können, dass ein leichtes Gefälle zwischen dem oberen und dem unteren Ende entsteht. Manche Einrichtungen verfügen über kleine, angelegte Hügel oder Wälle im Außengelände. Darauf kann man die ineinander gesteckten Rohre legen. Am oberen Ende wird Wasser eingefüllt und am unteren Ende steht ein Kind mit einem Behälter und versucht, das Wasser wieder aufzufangen. Man kann am unteren Ende auch ein Loch graben, mit dicker Plastikfolie auslegen und das Wasser in diesen Teich fließen lassen. Hat man keinen Hügel zur Verfügung, der in den Bau der Wasserleitung einbezogen werden kann, dann muss man eben Gegenstände unter die Leitung legen. Dies kann ein Baumstamm sein, eine dicke Astgabel, die mit dem einen Ende in den Boden gesteckt wird, wobei man das Rohr zwischen die Gabel legt. Wasserrohre können auch über verschieden hohe Sitzbänke gelegt werden oder sogar über Treppenstufen. Kinder erleben dabei, dass Wasser ein Gefälle braucht, um in Bewegung zu geraten und fließen zu können.

Gold schürfen

Mit Sieben, Wasser, Sand oder Erde können Kinder auch Gold schürfen. Dazu hebt man ein Erdloch aus und füllt immer wieder Wasser ein, bis die Erde so nass ist, dass das Wasser nicht mehr so schnell im Boden versickert. Der entstandene Schlamm wird mit einem Küchensieb, das auch zum Sieben von Mehl gebraucht wird, aus dem Loch geholt. Dann wird der Schlamm in einem Eimer mit dem Sieb so lange gewaschen, bis die gröberen Teilchen wie Steinchen oder auch kleine Tiere im Sieb übrig bleiben. Man kann zuvor auch kleine Kiesel oder blinkende Phyrritsteine (auch Katzengold genannt) oder Klümpchen von Alufolie in das Schlammloch werfen, die nach dem Waschen mit dem Sieb als „Goldklumpen" wieder gefunden werden. So können die Kinder mit Wasser Gold schürfen.

Wasserrinnen

Wasserrinnen können im Außengelände auch mit einfachen Materialien angelegt werden. Dazu werden Regenrinnen in unterschiedlicher Länge in den Boden eingelassen. Die an den Enden offenen Kanten können mit dicker Plastikfolie und Klebeband einigermaßen abgedichtet werden. Füllt man dann Wasser in die Regenrinnen, bleibt es dort stehen. Selbst gebaute Schiffchen können wie auf Kanälen darauf fahren.

Duschtasse im Sandkasten

Eine Duschtasse im Sandkasten ist oft eine gute Idee, um Wasser und Sand miteinander zu verbinden. Dazu wird eine alte, ausgemusterte Duschtasse, möglichst noch ein älteres Modell, das tiefer ist, als die neuen Modelle, in den Sandkasten eingebuddelt. Der Abfluss kann mit Silikon abgedichtet werden, so dass das Wasser nicht mehr heraus-fließen kann. Füllt man nun Wasser hinein oder füllt der Regen die viereckige Wanne auf, dann haben Kinder sofort eine Wasserbaustelle mitten im Sandkasten.

Regenwassertonnen

Regenwassertonnen im Außengelände aufzustellen ist eine sinnvolle Angelegenheit. Kinder können mit Eimern und Kannen daraus schöp-fen, um ihre Wasserwerkstatt mit Wasser zu versorgen, ohne dass zu viel Trinkwasser aus dem Gartenschlauch verbraucht wird. Außer-dem können Blumen und Beete damit gegossen werden. Die Kinder werden sehr schnell feststellen, wie schnell selbst eine große Regenwas-sertonne leer ist, wenn viele Kinder mit Wasser experimentieren. Dadurch wird Kindern das Gefühl vermittelt, wie schnell Wasser ver-braucht wird.

Wasser sammeln

Ein anderes Experiment, nämlich das „Wasser sammeln", macht dies noch deutlicher. Dazu werden, wenn es regnet, draußen ganz viele kleine und große Eimer, Becher und Töpfe nebeneinander aufgestellt. Die Kinder können dann beobachten, wie lange es dauert, bis ihre Behälter voll sind. Die vollen Behälter werden nach dem Regen in eine leere Wanne oder eine leere Wassertonne umgeschüttet, um zu sehen, welche Menge insgesamt zusammengekommen ist.
Führt man diese Aktion bei unterschiedlich starken Regenfällen durch, dann können Kinder beobachten, dass es bei einem Nieselregen viel länger dauert, bis die Eimer gefüllt sind als bei einem sommerlichen Platzregen.

6 Mit allen Sinnen die Welt erforschen

Sich selbst, seine eigenen Fähigkeiten, den eigenen Körper und die Umwelt wahrzunehmen, muss gelernt, erprobt und geübt werden. Unsere Wahrnehmung wird durch unser Sinnessystem erst ermöglicht, das uns die sinnlichen Reize und Eindrücke vermittelt. Dennoch nutzen alle sinnlichen Reize nichts, wenn der Mensch sie nicht einordnen und interpretieren kann. Die Interpretation der sinnlichen Reize aber ist von Erfahrungen und Erlebnissen abhängig, die in Zusammenhang mit den Sinneseindrücken stehen. Dabei ist der ungeheuer vielfältige Bereich der Wahrnehmung nur zu einem Teil dem Bewusstsein und dem interpretierenden Denken zugänglich. Viele Wahrnehmungen werden unbewusst aufgenommen und steuern fast automatisch unser Verhalten. Doch durch die bewusste Aufnahme und Verarbeitung von Wahrnehmungen wird die Aufmerksamkeit geweckt, die all unser Denken und unsere Erkenntnisfähigkeit auf einen bestimmten Gegenstand, auf einen anderen Menschen oder gar auch auf den eigenen Körper richtet. Durch wache Aufmerksamkeit dem Wahrgenommenen gegenüber wird Neues entdeckt, werden neue Zusammenhänge gebildet, neue Erkenntnisse gewonnen. Bewusste Wahrnehmungserfahrungen führen somit zum Entdecken und Erforschen der Phänomene des Lebens und zur Aneignung von Lebenskompetenz.

Gespräch mit Kindern

Zum Einstieg in den Bereich der Wahrnehmungen mit allen Sinnen kann man mit Kindern über die verschiedenen Sinne und Sinneseindrücke sprechen. Man kann sie erzählen lassen, welche Funktionen z. B. die Augen, die Ohren, die Nase, die Zunge und die Haut haben. Die Kinder werden sehr schnell die verschiedenen Fähigkeiten der Sinne wie Sehen, Hören, Riechen, Schmecken und Tasten aufzählen können. Nun kann man sie auch noch nach der Qualität bestimmter Sinneseindrücke befragen, wie z. B., dass man hell und dunkel, verschwommen und klar sehen kann, etwas süß oder sauer schmecken kann, dass etwas warm oder kalt sein kann. Die Sinneseindrücke, die uns unser Körper vermittelt, haben unterschiedliche Qualitäten. Auch der Gleichgewichtssinn gehört hierzu, der es uns ermöglicht, auf einem Bein zu balancieren oder auch auf einer Linie zu gehen.

Aktivitäten mit Kindern

Kim-Spiele

Einfache Wahrnehmungsaktivitäten mit Kindern sind die bekannten „Kim-Spiele". Hierbei werden mehrere Gegenstände unter einem Tuch versteckt. Für einen Moment wird dann das Tuch entfernt und die Kinder können sich einprägen, welche Dinge auf dem Tisch liegen. Nun wird das Tuch wieder über die Gegenstände gelegt und die Kinder sollen aufzählen, welche Dinge darunter liegen. Man kann auch einen Gegenstand unbemerkt entfernen und die Kinder müssen erkennen, um welchen Gegenstand es sich handelt.

Bilder vergleichen

Hierbei werden mit Hilfe eines Kopiergerätes von einem Bild zwei Kopien angefertigt. Auf einer der Kopien wird mit einer weißen Retuschierpaste, die man in einem Laden für Bürobedarf erhält, um Tippfehler zu korrigieren, etwas verändert: Linien werden unterbrochen, Details abgedeckt und verändert. Danach macht man von dieser veränderten Kopie nochmals eine Kopie, so dass bei der dann erhaltenen Vorlage die Spuren des weißen Retuschiermittels verschwunden sind. Nun hat man zwei saubere Kopien von einem Bild, wobei eine Kopie leichte Unterschiede aufweist. Diese Unterschiede sollen die Kinder nun finden und mit einem farbigen Stift markieren.

Blinde Reise

Bei diesem Spiel wird im Garten der Einrichtung von Baum zu Baum kreuz und quer ein Seil gespannt. Mit verbundenen Augen sollen Kinder nun den Weg entlang des Seiles ertasten. Diese Übung kann man auch in einem Park oder einem Waldgebiet machen, wenn nicht genügend Bäume im Garten stehen. Alternativ lassen sich auch Eisenstangen oder lange Äste und Stöcke in den Boden stecken, an denen das Seil befestigt wird.

Deckenwiege

Die Deckenwiege ist Sinnes- und Vertrauenserfahrung zugleich. Hierfür wird eine Decke auf dem Boden ausgebreitet. Ein Kind legt sich auf die Decke und zwei Erwachsene fassen an den Schmalseiten der Decke jeweils zwei Zipfel und heben die Decke an. Dann wird die Decke vorsichtig hin- und hergeschaukelt.

Man kann auch größere Kinder, die etwas kräftiger sind, einbeziehen. Dann sollte aber an jeder Ecke jeweils ein Kind die Decke anheben, damit die Last für das einzelne Kind nicht zu schwer ist.

Malen nach Musik

Mit dieser Übung wird viel Beruhigung und Konzentration vermittelt.
Hierbei werden Kindern große Bögen Papier und verschiedene Farbmaterialien, wie z. B. Fingerfarben, Wachsmaler und Wasserfarben,
angeboten. Bei der Hintergrundmusik sollte es sich um Instrumental-
musik handeln. Besonders gut eignet sich klassische Musik, denn sie
ist den Kindern meist nicht vertraut; daher hören sie genauer zu. Man
regt nun bei den Kindern an, die Klänge, Töne und Rhythmen der
Musik in Farben und Formen umzusetzen und auszudrücken.

Experimente

Die verschiedenen Experimente, die im Bereich der Wahrnehmung
durchgeführt werden können, beziehen sich auf die unterschiedlichen
Sinne und sind einfach Seh-, Tast-, Schmeck-, Riech- und Hör-
experimente.

Küchenkräuter-Experiment

Dieses Experiment macht nicht nur Spaß, sondern die Ergebnisse
schmecken zudem auch noch gut und sättigen.
Hierzu wird auf kleine Schwarzbrote oder Kräcker Speisequark
geschmiert. Auf den Quark werden fein gehackte Petersilie, Schnitt-
lauch, Dill, Thymian, Rosmarin, Kerbel, Zitronenmelisse, Zwiebeln
und andere Küchenkräuter gestreut. Man kann auch einfach nur
Salz, Pfeffer, Zucker und Zimt auf die Quarkhäppchen streuen.
Wichtig ist, dass auf einem Quarkbrot unbedingt nur einige verschiedene Kräuter und Gewürze verteilt werden, denn Kinder
schmecken intensiver als Erwachsene. Von zu intensiven Geschmacks-
proben können sie leicht abgeschreckt werden.
Nun werden den Kindern die Augen mit einer Binde verbunden und
sie müssen kosten, um zu erraten, welche Gewürze sich darauf befin-

den. Dies ist eine schwierige Aufgabe für sie. Um sie den Kindern zu erleichtern, sollten diese in die Vorbereitungen einbezogen werden und die Küchenkräuter klein schneiden bzw. die Gewürze zusammenstellen. Anhand des Geruches, der bei der Bearbeitung der Kräuter entsteht, lässt sich hinterher leichter auf den Geschmack schließen. Außerdem werden auf diese Weise zwei Sinneserfahrungen miteinander verbunden.

Klangerfahrungen

Solche Erfahrungen kann man auch mit Wasser machen. Dazu wird unterschiedlich viel Wasser in Gläser und Flaschen verschiedener Größe und Formen gefüllt. Schlägt man nun mit dem Griff einer Gabel gegen die Gläser, dann geben sie unterschiedlich hohe und tiefe Töne von sich. Nun kann man versuchen, die Gläser zu einer Art Tonleiter nebeneinander aufzustellen. Die Kinder sollen auch untersuchen, wie die Wassermenge und Füllhöhe den Klang und den Ton verändert.

Tast-Memory

Ein solches Memory lässt sich einfach herstellen, indem ein Bogen Schmirgelpapier halbiert und auf jeweils zwei zugeschnittene Pappkartons aufgeklebt wird. Dies wird mit mehreren Bögen Schmirgelpapier in unterschiedlicher Körnung gemacht, bis genügend Teile für ein Memory zusammengekommen sind.

Spiegelmalerei

Dies ist ein ganz besonderes Experiment. Hierzu wird ein Spiegel so aufgestellt, dass auf dem Boden vor dem Spiegel noch Platz für ein großes Blatt Papier ist. Am besten stellt man einen Spiegel auf den Boden und lehnt ihn an die Wand. Die Kinder sollen nun auf dem davorliegenden Papier ein Bild malen. Dazu dürfen sie aber nur in den Spiegel schauen, nicht auf das Papier, was im ersten Moment etwas verwirren kann. Dabei entdecken Kinder aber die „Seitenverkehrung".

Klebstoffbrillen

Auch dieses Experiment vermittelt ungewöhnliche visuelle Effekte. Dazu werden alte Brillen gesammelt, die mit Fensterglas ausgestattet sind. Es eignen sich auch alte Sonnenbrillen, deren Gläser nicht zu dunkel sind. Das Glas der Brillen wird mit Klebstoff verschmiert. Wenn man nun durchschaut, sind die Gegenstände verzerrt und es ergeben sich verschiedene Lichteffekte.

Lichteffekte

Ganz andere Lichteffekte lassen sich erzielen, wenn die Fenster eines Gruppenraumes mit durchsichtiger Fensterfolie völlig beklebt werden. Wählt man nur verschiedene gelbe und orangefarbene Töne und schneidet die Folie in Längsstreifen, die nebeneinander und übereinander angeordnet werden, dann wirkt das einfallende Licht immer sonnig, auch wenn der Himmel draußen bedeckt ist. Der ganze Raum erhält ein freundliches Licht.

Stoffdusche

Eine solche Dusche kann man selber bauen, indem an einem Holzreifen viele lange, schmale Stoffstreifen eng nebeneinander befestigt werden. Hängt man nun den Reifen im Raum auf und geht langsam durch die Stoffstreifen, dann gleiten sie über Kopf, Arme und Rumpf. Wenn es sich dabei um seidiges oder samtenes Stoffmaterial handelt, dann ist dies ein besonders angenehmes Gefühl.

Nebelwand

Auf ähnliche Weise kann man eine Nebelwand mit den Kindern herstellen. Dazu wird Abdeckfolie aus dem Malerbedarf in viele dünne Streifen zerschnitten und mit Klebeband an einer Holzstange befestigt. Nun wird diese über dem Türrahmen des Gruppenraumes angebracht. Die durchsichtigen Streifen geben die Illusion von Durchblick und verhindern doch eine klare Sicht.

Wabbelmatratze

Eine solche Matratze schafft eine sinnliche Erfahrung für den ganzen
Körper. Dazu wird eine Doppelluftmatratze mit so viel Wasser gefüllt,
dass man sich darauf legen kann, ohne dass sich Arme oder Beine auf
den Boden durchdrücken; sie muss aber noch gut „wabbeln". Legt man
die Luftmatratze auf eine weiche Unterlage aus Schaumstoff zum
Beispiel, dann fühlt sie sich ganz fest wie ein Wasserbett an.
Einen ähnlichen Effekt kann man erzielen, wenn Luftballons nur halb
aufgeblasen werden und in einen Bettüberzug gesteckt werden.
Auch dies ergibt ein besonderes Gefühl, wenn Kinder sich auf diese
Matratze legen.

Glockenschaukelstuhl

Eine Klangerfahrung besonderer Art bietet der Glockenschaukelstuhl. Dazu wird ein alter, ausgedienter Schaukelstuhl gemütlich mit Kissen und Decken bestückt. An seinem Rahmen und seinen Arm-lehnen werden viele kleine Glöckchen befestigt. Wenn man nun im Schaukelstuhl schaukelt, dann bimmeln die Glöckchen. Man kann auch unterschiedlich große Glocken mit unterschiedlichem Geläut an den Stuhl hängen.

Kunststoffkugeln

In vielen Bastelgeschäften gibt es durchsichtige Kunststoffkugeln, die sich öffnen und aufhängen lassen. Diese Kugeln können mit vielen glitzernden und glimmernden Gegenständen, wie z. B. mit Federn, Folien, Glassteinen, Glaskugeln, Glimmersternen, Spiegelscherben und bunten Glasscheiben, gefüllt und aufgehängt werden.

Schneegläser

Diese Gläser kann man mit Kindern auch selbst herstellen. Dazu wird ein leeres Marmeladenglas benötigt. In den Deckel wird eine Figur eigener Wahl (ein Plastik- oder auch ein Holzfigürchen) aufrecht stehend mit Sekundenkleber oder anderem sehr festen Kleber geklebt. Diese Figur darf natürlich nicht höher und breiter als das Glas sein. Dann wird das Glas bis zum Rand mit Wasser gefüllt. Ins Wasser wer-den viele, sehr klein geschnittene Alufolienstücke gefüllt. Man kann sie mit der Hand schneiden oder auch mit einem Locher aus der Folie stanzen. Zuletzt werden noch drei Tropfen Spülmittel in das Wasser gegeben.
Dann wird Klebstoff auf dem Deckelrand verteilt und der Deckel auf das Glas geschraubt. Man lässt das Glas eine Weile stehen, bis der Klebstoff fest geworden ist. Dann kann man es umdrehen und schüt-teln und die silbernen Teilchen werden sich durch das Glas wirbelnd auf dem Figürchen niederlassen.

Tastwand

Eine große Tastwand, die mit ungewöhnlichen Gegenständen bestückt
ist, braucht nicht an einem Tag fertiggestellt werden, sondern kann
langsam wachsen, je nachdem, welche Gegenstände von den Kindern
gefunden, ausgewählt oder von zu Hause mitgebracht werden. Dazu
wird eine große Spanplatte an einer Wand befestigt. Auf dieser werden
Schmirgelpapierblätter, Topfkratzer, Spülbürsten, Schwamme etc.
mit Nägeln befestigt. Die Kinder können sich überlegen, was an Tast-
erlebnissen noch fehlt und entsprechende Materialfundstücke mitbringen, wie z. B. Noppenfolie, Schaumstoff und Styropor.

Die Farbenwerkstatt

Die heutige Generation der Kinder kennt viele Farben und lebt in einer sehr farbigen Umgebung. Auch in den Kindertageseinrichtungen sind Farben ein Thema; die Kinder werden dort gezielt dabei unterstützt, die verschiedenen Farben wahrzunehmen, zu erproben und vieles mit ihnen zu gestalten.

Die Angebote institutioneller Erziehung und Bildung, wie z. B. die Angebote von Kindergärten und Kindertageseinrichtungen, haben sich in den letzten dreißig Jahren ausgeweitet und werden von fast allen Familien mit ihren Kindern genutzt, so dass sich ein ganzer Industriezweig entwickelt hat, der Materialien für die Arbeit mit Kindern im Vorschulalter produziert und speziell an Kindertageseinrichtungen vertreibt. Zu diesen Materialien gehören auch Farben in unterschiedlicher Art, Konsistenz, Leuchtkraft und mit unterschiedlichen Funktionen: Farben für Wände, für Glasscheiben und Fenster, für Stoffe, für Seidenmaterialien, Farben für Holz oder Metall, Farben mit Glimmereffekt oder Steindekor, marmorierende Farben, wasserfeste und wasserlösliche Farben, angerührte Farben oder Pulverfarben.

Im Kindergarten sind einige dieser Materialien zu finden neben den üblichen Wasserfarben, Fingerfarben, Aquarellfarben, Pastellkreiden, Wachsmalern und Buntstiften. Fast schon in einer konsumierenden Einstellung benutzen Kinder die unterschiedlichen Farbmaterialien für ihre Gestaltungszwecke und sind sich dabei natürlich nicht bewusst, dass in der Natur Farbstoffe existieren, die ehemals die Grundlage allen Einfärbens von Stoffen, Wollen und Kleidung darstellten, lange, bevor die chemische Industrie in der Lage war, künstliche Farben herzustellen.

Die Erfahrung, dass Farben aus Naturmaterialien hergestellt werden können, vermittelt sich in einem Prozess ganzheitlichen Lernens, durch den Grundlagenwissen und die Erkenntnis von Zusammenhängen erworben werden. Parallel dazu vollzieht sich ein Prozess des Erforschens durch die Aufbereitung der Farbstoffe, die in Naturprodukten vorhanden sind. Daher ist es sehr lohnenswert, mit Kindern gemeinsam Farbstoffe aus Naturmaterialien zu gewinnen, gleichzeitig aber auch die Wirkung von industriell gefertigten Farben immer wieder neu zu entdecken und zu erproben.

Gespräch mit Kindern

Zunächst empfiehlt es sich, mit Kindern über Farben zu sprechen. Man kann sie fragen, welche Farbtöne sie kennen, welche Farben in der Einrichtung zu erkennen sind, welche Arten von Farbmaterialien ihnen bekannt sind. Die Kinder werden eine Vielzahl der Materialien und Farbarten aufzählen können. Indem man sich gemeinsam mit Kindern über Farben und ihre Ausdruckswerte unterhält, sensibilisiert man sie für die Farbwahrnehmung und schärft ihre Einstellung zu Farben und Farbwirkungen.

Das Experimentieren mit Farben lässt sich didaktisch so aufbauen, dass man zunächst versucht, alle Farbstoffe aus der Natur zu sammeln, und sich dann nacheinander jede Farbe einzeln vornimmt, um sie zu entdecken und zu erforschen bzw. um Aktivitäten mit ihr zu erfinden. Doch alle Kreativität beginnt mit dem Suchen und Sammeln. So sollte man auch mit den Kindern vorgehen.

Aktivitäten mit Kindern

Zu Beginn werden ausgiebige Spaziergänge in der Natur durchgeführt. Ausgerüstet mit stabilen Küchenscheren und Kunststoffdosen bzw. -beuteln wird alles von Büschen, Sträuchern, Bäumen und Wiesenflächen geerntet, was Farbreize ausstrahlt. Vorsicht: Viele sehr farbige Beeren und Blüten sind extrem giftig! Daher dürfen die Kinder keinesfalls eine Pflanze berühren oder abpflücken, ohne sie vorher der Erzieherin gezeigt und deren Einverständnis eingeholt zu haben. Manche Pflanzen stehen auch unter Naturschutz und dürfen aus diesem Grund nicht abgepflückt werden.

Außerdem müssen die Kinder unbedingt auf den Fuchsbandwurm hingewiesen werden. Sie dürfen keinesfalls die Finger in den Mund stecken, nachdem sie im Wald oder auf der Wiese etwas abgepflückt oder aufgehoben haben, ohne vorher sorgfältig die Finger gewaschen zu haben. Leider dürfen auch nur gekaufte Beeren genascht werden; die im Wald gesammelten eignen sich nur nach Erhitzen zum Verzehr.

Eingesammelt werden dürfen Grasbüschel, Baumrinden, Löwenzahnblüten oder Blüten aller Art, Blätter aller Art, Beeren aus dem Wald, Brennnesseln und auch Erde und Schlammklumpen. Wichtig ist, dass die verschiedenen Materialien nach Farbtönen getrennt in die Dosen und Beutel verteilt werden. Zusätzlich zu dem Spaziergang in der Natur folgt ein Besuch auf dem Markt. Dort werden Rote Beete, Rotkohl, Möhren, vielleicht auch ein paar Beeren wie Brombeeren und Himbeeren eingekauft.

Je nach Jahreszeit kann man die Farbstoffe also entweder aus gesammelten Naturmaterialien gewinnen oder aus Obst und Gemüse. Manche Farbstoffe sind schwieriger zu erhalten als andere. Es wird deutlich, dass das Experimentieren mit natürlichen Farbstoffen möglichst im späten Frühjahr, Sommer oder Spätsommer erfolgen sollte, weil dann eine Vielzahl von Naturprodukten verfügbar ist.

Auf einem langen Experimentiertisch werden die Funde ausgebreitet und nach Farben geordnet. Die Kinder sollen gemeinsam überlegen, welche Geräte sie brauchen, um die Naturstoffe so zu bearbeiten, dass aus ihnen ein Farbstoff gewonnen werden kann. Die meisten dieser

Gerätschaften sind in der Küche vorhanden. Man braucht Rohkost-
reiben, Scheren, vielleicht auch einen elektrischen Mixer oder Pürierstab. An dem Experimentiertisch werden nun gemeinsam die Fundstücke zerschnitten, zerrieben, gepresst, püriert, gemixt und mit Wasser
vermischt. Auf bereitliegendem Papier werden die ersten Farbergeb-
nisse sichtbar.

Auf viele Methoden der möglichen Farbgewinnung kommen die
Kinder selbst, denn sie haben bereits Erfahrungen gemacht, die sie
übertragen können. So wissen sie zum Beispiel, dass zerdrücktes nasses
Gras auf heller Kleidung grüne Grasflecken hinterlassen kann. Daher
werden die Kinder sehr schnell auf die Idee kommen, Grasbüschel mit
Schere oder Messer zu zerkleinern und zu zerdrücken. Doch bei
manchen Farbstoffgewinnungsexperimenten brauchen Kinder Hilfe
und Tipps von Erwachsenen, besonders wenn elektrische Küchengeräte miteingesetzt werden.

Experimente

Grasgrün

lässt sich, wie der Name schon sagt, aus Gras gewinnen. Dazu braucht
man viele Grasbüschel verschiedener Art. Wichtig ist, dass es sich
bei dem gesammelten Gras wirklich um einkeimblättriges, saftiges
Gras handelt und nicht um Rispen und hochgewachsene Kräuter,
die auf den meisten wild wachsenden Wiesen zwischen dem Gras zu
finden sind.

Dieses Gras kann man mit einer Schere klein schneiden und in eine
elektrische Küchenmaschine, die auch über ein Häckselwerk verfügt,
geben und pürieren. Fügt man ein wenig Wasser dazu, dann entsteht
schnell eine grasgrüne Breimasse, die sich mit dem Pinsel verstreichen
lässt und auf Papier einen intensiven Farbton erzielt.

Löwenzahngelb

lässt sich meistens nur im April/Mai gewinnen, nämlich dann, wenn der Löwenzahn blüht. Dazu erntet man sehr viele Köpfe Löwenzahn und gibt sie in eine Rührschüssel. Etwa ein Drittel der Menge wird mit Wasser aufgefüllt, dann das Ganze mit dem Pürierstab so lange zerkleinert, bis eine breiige Masse entstanden ist. Diese lässt sich vermalen.

Doch gelber Farbstoff aus der Natur ist nie so intensiv in seiner Leuchtkraft wie künstliche Farbstoffe. Manchmal erzielt man mit Löwenzahn ein intensiveres Gelb, wenn man die Blütenblätter direkt auf weißes Papier drückt und ein wenig verreibt.

Möhrenorange

ist jener Farbstoff, der sofort die Finger orange färbt und der sich gewinnen lässt, wenn man viele Möhren schält und raspelt. Dies kann man zusammen mit Kindern machen und auf weißem Papier ausprobieren, wie der sich bildende Möhrensaft einen orangefarbenen Stoff abgibt.

Schließlich kann man die restlichen Möhrenraspeln in eine Schüssel tun, mit Zitronenspritzern und ein paar Tropfen Öl überträufeln und schon ist der Möhrensalat angerichtet.

Rote Beete-Rot

ist eine Farbe, die nicht einfach zu erzielen ist, denn die Knollen der Roten Beete sehen erst einmal nur grau aus. Man muss sie schon mit der Schale ganz lange weich kochen und schließlich, wenn sie gar sind, schälen. An den Händen bleibt sofort die Farbe des Gemüses haften und färbt die Finger ein. Püriert man nun das Gemüse oder entsaftet es, dann kann ein purpurroter Saft gewonnen werden, der auf weißem Papier stark leuchtet und schließlich auch noch mit etwas Salz und Pfeffer abgeschmeckt, getrunken oder als Brei gegessen werden kann.

Rotkohlblau

ist eine eigentümliche Farbe, die manchmal ins Lila übergeht. Dazu muss man Rotkohl nur wie Rohkost verarbeiten und den Kohlkopf in möglichst feine Streifen schneiden oder auf einem Küchenhobel zerkleinern.

Ganz schnell verteilt sich der Saft auf Hände und Schneidebrett und hinterlässt seine Farbspuren. Nimmt man nun einen handlichen Rotkohlschnipsel und drückt ihn etwas fester über weißes Papier, dann wird das Papier an der Stelle blau-lila.

Johannisbeerenrot

ist ein helles, leuchtendes Kaminrot, das man erhält, wenn man rote Johannisbeeren einfach in einem Schälchen mit der Gabel zerdrückt oder auch entsaftet. Auch hierbei gibt es wieder zweierlei zu lernen: Die Kinder gewinnen den Farbstoff und sehen seine Leuchtkraft auf dem Papier. Darüber hinaus können sie den Geschmack des Obstes erproben.

Farbenlexikon

Ein solches Lexikon kann man mit Kindern gemeinsam herstellen, indem z. B. ein Tapetenmusterbuch benutzt wird, um eine einzige Farbe mit verschiedenen Farbmaterialien und Farbstoffen in einem ganzen Buch auf möglichst vielfältige Weise darzustellen.

Nimmt man zum Beispiel die Farbe Blau, dann ist klar, dass es verschiedene Abstufungen und Farbtonwerte der Farbe Blau gibt: Hellblau, Königsblau, Dunkelblau, Schwarzblau, Türkis, Grünblau, Preußischblau, Himmelblau, Ultramarinblau.

Wenn man nun auch noch einen Farbtonwert in verschiedenen Farbmaterialien auf ein Blatt Papier bzw. auf ein Blatt des Tapetenmusterbuches aufträgt, dann entstehen zusätzlich weitere Unterschiede, die sich aus der Beschaffenheit der Farbe ergeben: Eine dunkelblaue Farbfläche aus Wachsmalstiften wirkt anders als ein Klecks aus Abtönfarbe oder eine Linie aus Aquarellfarbe oder ein Kreis, ausgemalt mit Filzstiften oder eine Fläche mit Pastellkreide oder ein Tintenklecks oder ein Saftklecks aus Waldbeeren.

Zusammen mit älteren Kindern kann man die verschiedenen Farbtonwerte und Farbmaterialien auch noch beschriften.

Rotbuch

Auf der Idee des Farbenlexikons baut auch das Rotbuch auf. Hierzu könnte man ebenfalls ein Tapetenmusterbuch oder ähnliches verwenden und das Buch beispielsweise auch in Form eines Leporellos anlegen. Darin werden alle Dinge oder Symbole von Dingen, die eine rote Farbe haben, aufgeklebt, aufgemalt oder aufgeschrieben. Man kann der Sammlung auch eine Ordnung geben:

– Beispielsweise könnten auf einer Seite alle Begriffe für verschiedene Rot-Töne aufgeschrieben werden, nachdem man sie im Gespräch mit Kindern aufgezählt hat: Braunrot, Karminrot, Englischrot, Rostrot, Weinrot, Backsteinrot, Rosenrot usw.

– Auf einer anderen Seite werden verschiedene Rot-Töne durch verschiedene Farbmaterialien (vom Wachsmaler bis zur Fingerfarbe) aufgemalt.

– Auf wieder einer anderen Seite werden verschiedene Papierschnipsel in roter Farbe, die aus Zeitschriften und Papierresten stammen, aufgeklebt.

– Eine weitere Seite des Rotbuches könnte sich mit aus Lebensmitteln gewonnenen Naturfarbstoffen befassen und Bilder von den jeweiligen Früchten wie Himbeeren, Brombeeren und Johannisbeeren zeigen, die mit einem entsprechenden Farbklecks versehen sind.

– Eine weitere Seite könnte eine Collage von roten Fundstücken darstellen: Ein Stück Stoff, ein Luftballon, ein roter Plastiklöffel.

– Die weiteren Seiten können beliebig durch weitere Fundstücke gestaltet werden: Ältere Kinder könnten beispielsweise rote Gegenstände fotografieren und eine Seite voller Fotos roter Gegenstände arrangieren, angefangen vom Auto bis zum Marienkäfer. In kleinen Plastiktüten können rotfärbende Materialien, wie z. B. Paprikapulver, Chili, Hagebutte und Berberitze, abgepackt werden und auf Karton getackert werden.

Die Suche nach dem Rot kann auf vielfältige Art und Weise geschehen. Den Ideen der Kinder und Erwachsenen sind keine Grenzen gesetzt.

Große Gelb-Ausstellung

Eine „Große Gelb-Ausstellung" lässt sich mit Kindern auf ähnliche Weise erfinden und inszenieren. Hierzu gehen wieder alle auf die Suche nach einer Farbe, in diesem Fall der Farbe Gelb, und tragen die verschiedensten Materialien (wie bereits beim Farbenlexikon und beim Rotbuch beschrieben) zusammen. Dann sammeln alle gelbe Stoffe verschiedenster Art, die aufgehängt, über Tische gelegt, in große Maschendrahtstücke gewoben und an die Wand gehängt werden. Außerdem werden die Fenster mit Transparentpapier in Gelbtönen von Zitronengelb bis Orange beklebt. Die Wirkung ist verblüffend, denn die Farbe Gelb vermittelt in einem Raum sehr schnell die Illusion von Licht und Wärme.

Einfärben

Ein weiterer wichtiger und spannender Bereich, bei dem Kinder im Umgang mit Farben experimentieren können, ist das „Einfärben" von Wollen oder Stoffen. Kindern ist gar nicht mehr bewusst, dass die farbige Kleidung, die sie tragen, aus Fasern besteht, die eingefärbt wurden.

Bei manchen Bauern oder auch bei Schäfern kann man sich Rohwolle besorgen. Es gibt sie manchmal auch in Bastelgeschäften zu kaufen. Sie eignet sich besonders gut zum Einfärben. Wenn man nun kleine Wollbäusche aus der Rohwolle zupft und sie in Farbe (natürliche Farbstoffe oder Wasserfarben) eintaucht, dann färbt sie sich ein. Man kann die verschiedenen farbigen Wollbäusche nach dem Trocknen weiter verwenden: entweder auseinander zupfen und einweben oder auf eine Holzplatte kleben und ein Relief daraus machen oder Wollfäden zwirbeln. Oder am besten die Kinder nach weiteren Ideen fragen. Neben Wolle lässt sich natürlich auch saugfähiges Papier einfärben oder man kann die bekannten Batiktechniken mit Japanpapier durchführen. Wichtig ist, dass die Kinder den Vorgang des Einfärbens auf verschiedene Weise erkunden und beobachten können.

8

Rund um das Papier

Papier ist ein sehr vielseitiges Material. Für Kinder ist es mittlerweile selbstverständlich geworden, es zu benutzen. Manchmal gehen sie aber nicht besonders sorgfältig mit Papier um, denn ihnen ist oftmals nicht bewusst, dass es sich bei Papier um einen Rohstoff handelt, der eigentlich sehr kostbar ist. Der Name Papier stammt von „Papyrus", einem Schreibmaterial, das man schon vor rund viertausend Jahren in Ägypten aus einer schilfähnlichen Staude gewann. Das Mark der etwa armdicken Stängel wurde in dünne, möglichst lange und breite Streifen geschnitten, die man kreuzweise übereinander legte und presste. Die Erfindung des Papiers aus Fasern kommt wohl aus China. Dort wurden Stoff- und Pflanzenfasern zerkleinert und unter Zugabe von Wasser in einen Faserbrei verwandelt, der mit einem Sieb abgeschöpft und dann getrocknet wurde. Durch das Verfilzen der Fasern entstand ein Stoff, auf dem man schreiben konnte. Im Prinzip hat sich die Papiermacherkunst bis heute nicht geändert.

Die Urtechnik des Papierschöpfens kann man durchaus auch Kindern vermitteln. Zum einen können sie dabei einen Vorgang entdecken und erforschen, der den wenigsten Menschen genau bekannt ist. Zum anderen lernen sie den Wert des Papiers besser schätzen. Papier kann man nicht nur zum Schreiben und Malen gebrauchen, sondern damit auch vielfältige Aktivitäten und Experimente durchführen. Papier ist ein wirkliches Kulturmaterial, denn erst mit der Hilfe von Papier waren die Menschen in der Lage, längere schriftliche Nachrichten zu hinterlassen und Bücher zu schreiben.

Gespräch mit Kindern

Im Gespräch mit Kindern kann man zunächst besprechen, was man alles mit Papier machen kann, wozu man es braucht. Dann lässt man die Kinder die Papierarten aufzählen, die sie kennen. Man kann auch miteinander diskutieren, ob Pappe noch zu Papier gehört oder nicht. Außerdem können die Eigenschaften von Papier zusammen getragen werden: Es ist glatt oder rau, weiß oder farbig, dünn, meistens viereckig. Man kann es zerschneiden, es ist leicht und wellt sich, wenn es nass wird. Außerdem sind viele Gegenstände in Papier verpackt. Manche Leute werfen das Verpackungsmaterial achtlos weg.

Aktivitäten

Papiertisch

Zum Einstieg in die Thematik kann man mit Kindern einen „Papiertisch" gestalten. Auf diesen Tisch werden nacheinander alle Papiersorten gelegt, die man in der Einrichtung oder zu Hause finden und mitbringen kann. Die Kinder sollen bedrucktes und unbedrucktes Papier sammeln. Jeder Schnipsel ist genauso wichtig wie ein ganzer Bogen.
Ausführlich wird nun über das Papier gesprochen und jede Papiersorte benannt.

Papierdecke

Aus den vielen verschiedenen Papiersorten, die auf dem Tisch liegen, wird eine „Papierdecke" hergestellt, indem alle Papiere, große oder kleine, sorgfältig aneinandergeklebt werden. Man sollte guten Klebstoff benutzen, denn die Kinder werden erfahren, dass unterschiedliche Arten und Stärken von Papier nicht so einfach miteinander zu verkleben sind.

Papier herstellen

Nun kann man mit Kindern versuchen, selber Papier herzustellen. Das uralte Verfahren wird dazu auf vereinfachte Weise wieder aufgegriffen und angewandt:

Dazu zerschnipseln die Kinder Zeitungspapier in viele kleine Stückchen und geben alles in eine große Kunststoffschüssel oder Wäschewanne. Als Nächstes muss gemeinsam ein Schöpfsieb angefertigt werden. Dazu wird ein Holzrahmen mit einem sehr engmaschigen Metallgeflecht bespannt. Diese Metallmatten lassen sich in Heimwerkerläden bzw. im Heimwerkerbedarf kaufen. Als Alternative kann auch ein Fliegengitter aus Kunststoff verwendet werden. Wichtig ist nur, dass das Gitter fest auf den Holzrahmen gespannt wird.

Die unzähligen Schnipsel Papier werden mit Wasser aufgefüllt. Man kann auch die zuvor hergestellte Papierdecke wieder zerkleinern und der Papiermenge hinzufügen. Dies wäre eine Art Recyclingverfahren, das den Kindern damit vermittelt würde. Wichtig ist es, darauf zu achten, dass sich in der Papiermasse genügend hochsaugfähiges Papier, wie z. B. Zeitungspapier, befindet. Diese Papiermasse muss nun mindestens zwei Tage durchziehen. Bei Bedarf kann man immer wieder etwas Wasser hinzufügen. Will man besonders feines Papier erzielen, dann kann man die Masse mit einem Rührquirl durchquirlen und zerkleinern.

Die Kinder können auch gerne mit den Händen in den Papierbrei greifen und die weich gewordenen Papierschnipsel noch weiter zwischen den Fingern zerkleinern. Wenn nun nach ein paar Tagen eine sämige Papiermasse entstanden ist, dann wird der Papierbrei mit dem Schöpfsieb abgeschöpft. Der Brei wird mit einem Küchenschaber gleichmäßig auf dem Sieb verteilt und das Sieb wird auf der bereitgestellten Schüssel oder Wäschewanne abgestellt, damit das Wasser restlos abfließen kann. Dann wird ein Brett oder eine Kunststoffplatte oder ein anderer flacher Gegenstand auf die Papiermasse gelegt, die nun einen Tag lang auf dem Sieb ruht.

Am nächsten Tag ist der Papierbrei so weit angetrocknet, dass man ihn aus dem Sieb holen kann und noch einmal zwischen zwei schweren flachen Gegenständen pressen kann, wie man es auch mit Blumen macht. Im Prinzip ist dann das erste Stück Papier fertig.

Es zeigt natürlich die Spuren der verschiedenen Papierrohstoffe und erinnert in seiner Farbe, Form und Stärke eher an Pappe als an hochfeines weißes Schreibmaschinenpapier. Doch die Kinder werden begeistert sein, denn sie können einen Vorgang selbst beobachten, erproben und durchführen, der im alltäglichen Leben kaum noch bekannt bzw. erfahrbar ist.

Die Experimente bei der Papierherstellung können noch weiter entwickelt werden. Gibt man nämlich Farbe in die Papiermasse, dann wird das gewonnene Papier eingefärbt. Gibt man Bleichmittel, wie z. B. ganz normalen handelsüblichen Entfärber, in die Breimasse, dann bleicht der Papierbrei. In diesem Falle sollten Kinder aber Gummi-handschuhe anziehen, bevor sie zur Weiterverarbeitung in die Papier-masse greifen.

Man kann gemeinsam mit den Kindern auch überlegen, ob sich ver-schiedene Papiersorten herstellen lassen. Man erhält unterschiedliche Ergebnisse, wenn man z. B. nur Zeitungspapier zerkleinert oder aus-schließlich Pappe zerkleinert und einweicht.

Experimente

Rundbild

Nicht nur mit dem selbst hergestellten Papier lassen sich unterschiedliche Experimente durchführen, sondern auch mit industriell vorgefertigten Papier. So kann man zum Beispiel ein so genanntes „Rundbild" anfertigen, das in seiner Wirkung ganz überraschend ist. Wir sind es gewohnt, einen Bogen Papier meist in rechteckiger Form vorzufinden, zwar unterschiedlich groß, aber doch immer rechtwinklig zugeschnitten. Nun wird, möglichst auf einem runden Tisch, eine Papiertischdecke ausgebreitet und dem Tischrand folgend, rund ausgeschnitten. Die Kinder erhalten Farbmaterialien ihrer Wahl und bemalen dieses runde Papier, das nach Fertigstellung an die Wand gehängt werden kann.

Rundcollage

Anstelle eines Rundbildes kann man auch eine „ Rundcollage" anfertigen. Dazu wird wieder ein runder Bogen Papier, tischgroß, zugeschnitten. Diesen bekleben die Kinder mit kleinen und großen selbst gemalten Bildern aus unterschiedlichen Arten von Papier. Die einzige Bedingung ist: Jedes Papier muss ein anderes Format haben und kein Papier darf das übliche rechteckige oder quadratische Format aufweisen. Auf diese Weise kommen ungewöhnliche Formate zustande.

Wischtechnik

Eine besondere Wischtechnik kann mit Transparentpapier erzielt werden. Dazu werden ungefähr handgroße Formen beliebiger Art aus farbigem Transparentpapier herausgeschnitten. Diese werden auf weißes Papier gelegt. Mit einem nassen Borstenpinsel wird nun so lange über ein Blättchen Transparentpapier von innen nach außen gewischt, bis sich die Farbe von dem Transparentpapier löst und durch die Pinselbewegung auf dem weißen Papier Spuren hinterlässt.

So kann man nacheinander mit jedem Bogen Transparentpapier verfahren. Trocknet dies nach Fertigstellung des gesamten Bildes, kann man es von dem weißen Untergrund leicht abheben. Man erkennt weiße Flächen, von denen scharf abgegrenzt strahlenförmige, farbige Pinsellinien ausgehen. Diese Technik hat die Wirkung eines Druckes.

Rotationsbilder herstellen

ist ein ganz faszinierendes Experiment, das man mit Farben auf Papier erzielen kann. Dazu braucht man allerdings eine elektrische Töpferscheibe, einen alten Plattenspieler oder ein altes Glücksrad. Auf jeden Fall muss man eine Platte haben, auf der man ein Blatt Papier befestigen und mit der Platte drehen kann. Tropft man nun Farbe auf oder hält den Pinsel auf das sich drehende Papier, dann entstehen ganz erstaunliche Effekte.

Filtertüten-Experiment

Bei diesem Experiment handelt es sich um einen einfachen, aber erstaunlichen Versuch, der auf der Fähigkeit von Papier basiert, Wasser aufzusaugen. Eine möglichst große Kaffeefiltertüte wird hierzu über ein Wasserglas gestülpt und das Glas kopfüber in einen leeren Suppenteller gestellt. Zuvor haben die Kinder den Filter aber präpariert: Sie haben einen roten und einen blauen Fleck mit wasserlöslichem Filzstift nebeneinander auf den Rand der Filtertüte gemalt. Beide Flecken werden mit einem Bleistift umrandet. Man kann noch weitere Flecken hinzufügen, z. B. aus Maggiwürze, aus Tinte, aus Saft und allem anderen, was Flecken macht. Alle Farbflecken werden aber nebeneinander auf dem Rand der Filtertüte angebracht und mit Bleistift umrahmt. Nun wird Wasser in den Suppenteller gegossen. Der Filter saugt das Wasser sofort auf, es steigt höher und höher. Dabei löst es die Farben aus ihrer Bleistiftumrandung heraus und nimmt sie mit. Bald erkennt man, dass Rot schneller „läuft" als Blau. Um zu überprüfen, ob dies immer der Fall ist, kann man den roten Fleck bei einem nächsten Durchgang unterhalb des blauen Flecks anbringen und man wird sehen, dass die rote Farbe zunächst aufsteigt, ins Blau läuft und sich dann wieder absondert und weiter nach oben steigt und dabei das Blau hinter sich lässt.

Anstelle von Wasser kann man das Experiment auch mit Spülmittelwasser oder Essigwasser durchführen. Es führt zu jeweils anderen Ergebnissen.
Wenn man den ganzen unteren Rand mit Filzstift bemalt und die Filtertüte stehen lässt, bis alles Wasser aufgesogen ist, sind alle Farben am oberen Rand versammelt.

Windrad
Aus starkem Papier lässt sich ein einfaches „Windrad" herstellen. Dazu wird Fotokarton quadratisch, z. B. im Format 16 × 16 cm, ausgeschnitten und von den Ecken her so eingeschnitten, dass in der Mitte ein kleines Feld übrig bleibt. Dann beginnt man die erste Ecke von außen nach innen umzubiegen und genau in der Mitte mit einem Tupfer Klebstoff festzukleben. Mit der zweiten, dritten und vierten Ecke wird ebenso verfahren. Auf die Mitte, auf der nun alle Ecken festgeklebt sind, wird ein Stückchen Karton geklebt und durch diesen ein Loch durchgebohrt. Von einem Stück Blumenbindedraht wird ein Ende zu einer Öse gebogen. Das andere Ende wird durch das Loch gefädelt, bis die Öse auf der Pappe anliegt. Dann wird der Rest des Drahtes fest um einen Stock gewickelt und fertig ist das Windrad.

Kugelbahn

Eine solche Bahn kann man aus Papprollen (Küchenrollen) herstellen, indem die Papprollen der Länge nach halbiert werden. Von einem möglichst hohen Punkt aus werden die Rohre über Stützen auf den Boden geleitet und dabei mit breiten Klebebandstreifen aneinander und auf Tischen, Stühlen, Hockern, Bauklotztürmen befestigt. Wichtig ist nur, dass stets eine Neigung vorhanden ist, dann kann auch eine dickere Glaskugel mühelos von oben nach unten durchlaufen. Bei diesem Experiment ist es zu Beginn nur wichtig, den Kindern das Prinzip zu erklären und zu zeigen, wie die halbierten Pappröhren mittels festem Gewebeklebeband aneinander befestigt werden können, ohne dass die Glaskugeln hängen bleiben oder herausfallen. Ideen über Windungen und Länge der Kugelbahn entwickeln die Kinder ganz von selbst. Verschiedene Möbelstücke können einbezogen werden, um als Stützen für die zu befestigenden Papierröhren herzuhalten.

Der Vorteil an diesem Experiment ist, dass die Kugelbahn von Tag zu Tag wachsen und länger werden kann, wenn man nur hoch genug mit dem Anbringen der ersten Rolle begonnen hat. Man kann auch einige Extras hinzufügen: In einzelne Bahnen kann man Löcher schneiden und darunter eine andere Röhrenebene befestigen, so dass die Kugeln von einer Ebene in die andere fallen. Man könnte auch Glöckchen über einzelnen Bahnen befestigen, die von den durchrollenden Kugeln angeschlagen werden.

Eine Pappröhrenkugelbahn kann auch im Außengelände aufgebaut werden. Wenn man viele verschieden hohe Astgabeln sucht und diese mit der Gabel nach oben in weiche Erde oder Sand steckt, dann kann man sie als Stützen für die Pappröhren benutzen und ihrer Höhe nach nacheinander so anordnen, dass ebenfalls eine Kugelbahn entsteht.

Papiermaché
ist ein ziemlich bekanntes Material. Um es herzustellen, wird entweder ein Brei aus Zeitungsschnipseln und Kleister angerührt, mit dem man formen und modellieren kann oder Streifen von Zeitungspapier werden dick mit Kleister bestrichen und um eine bestehende Kernform gelegt.

Papierballe
lassen sich herstellen, indem Zeitungen zu Knäueln geballt und mit glatten Streifen Zeitung, die gut mit Kleister eingestrichen wurden, wie mit einer Haut umhüllt werden. Trocknet dieses Gebilde, wird es hart. Auf diese Weise kann man ganz viele kleine und auch große Bälle herstellen und nach dem Trocknen bemalen.

9

Experimente-Sammlung

Wenn sich in den vergangenen Kapiteln die vorgeschlagenen Aktivitäten und Experimente jeweils auf ein Thema bezogen, so werden in diesem Kapitel Experimente zu den unterschiedlichen Vorgängen aus der Natur und Technik vorgestellt, ohne gleichzeitig einen didaktischen Rahmen zu bieten.

Das Kapitel soll wie eine Fundgrube verstanden werden, aus der sich einzelne kleine Experimente entnehmen lassen, um sie je nach Situation in der Praxis durchzuführen. Viele der Anregungen sind auch und manche besonders für Schulkinder geeignet.

Kleines Kühlgerät

Ein kleiner Kühlschrank ist schnell gebaut. Dazu wird ein Blumentopf aus Ton in Wasser gelegt, bis er ganz voll gesogen ist. Nun wird eine Schüssel halb mit Wasser gefüllt, ein Becher mit Joghurt hineingestellt, der Tontopf wird darüber gestülpt und das Loch im Boden des Tontopfes mit ein wenig Knetmasse verschlossen.

Jetzt wird das Ganze in die pralle Sonne gestellt. Selbst nach Stunden Sonneneinwirkung wird der Joghurt noch kühl und schmackhaft sein, als käme er aus dem Kühlschrank, denn in dem Blumentopf wird Verdunstungskälte hergestellt. Dies funktioniert aber nur so lange, wie der Tontopf Wasser aufsaugen und wieder verdunsten kann. Ist kein Wasser mehr in der Schüssel, dann trocknet der Tontopf aus, wird warm und der Kühleffekt verfliegt.

Ähnliches lässt sich auch mit einer Flasche Limonade auf einfachere Weise erzielen. Man wickelt die Limonadenflasche in ein nasses Handtuch und legt sie in die Sonne. Immer wenn das Handtuch antrocknet, muss es neu befeuchtet werden. Die eingewickelte Limonade bleibt herrlich kühl.

Wassergewinnung

Man stelle sich einmal vor, man wäre in der Wüste und es gäbe kein Trinkwasser. Wie kann man Wasser gewinnen?

Dies kann man mit Kindern im Sandkasten erproben. Dazu wird ein Loch in den Sand gegraben, bis man auf feuchten Sand stößt. Das Loch wird erweitert und ausgeschachtet, auf den Boden eine Dose gestellt. Über das Loch breitet man eine durchsichtige Plastikfolie und beschwert sie an allen Ecken mit Steinen, so dass das Loch völlig abgedeckt ist. Ein kleiner Stein wird in die Mitte der Plane gelegt, so dass sich die Plane über der Dose etwas neigt. Nach einem sonnig heißen Tag findet man auf dem Grund der Dose eine kleine Wassermenge, denn durch die aufgestaute Wärme unter der Plane verdunstet das Wasser aus dem feuchten Sand, schlägt als Wasserdampf an der Plane nieder, kondensiert zu Tropfen, die schließlich an der Plane von unten zur tiefstgelegensten Stelle rutschen und von dort direkt unter dem Stein in die Dose tropfen.

Damit das Experiment gelingen kann, muss man darauf achten, dass die Dose auch wirklich im feuchtem Sand steckt, was bei Sandkästen nicht immer der Fall ist, wenn die Sandschicht nicht tief genug ist. Dann sollte man lieber so lange in der Erde graben, bis man in feuchte Bereiche gelangt. Es gibt aber auch die Möglichkeit, das Sand- oder Erdloch zunächst mit Wasser auszugießen, um schließlich das Wasser auf die beschriebene Weise wieder zurückzugewinnen. So kann man den Kreislauf des Wassers gut verdeutlichen.

Rotblaue Nelke

Für dieses Experiment werden zwei mit Wasser gefüllte Gläser dicht nebeneinander gestellt. Ein Glas Wasser wird mit Tinte eingefärbt. Nun schlitzt man den Stiel einer roten Nelke der Länge nach auf und stellt die eine Hälfte in das blaue Wasser, die andere Hälfte in das klare Wasser. Die eine Hälfte der Nelkenblüte färbt sich nach einiger Zeit blau-violett. Die Tinte steigt mit dem Wasser und den darin gelösten Nährstoffen bis in die Blütenblätter und die Farbstoffe werden dort abgelagert.

Zuckerkristalle am Band

Ein Glas Wasser wird in einem Topf erhitzt. Man fügt eine Tasse Zucker hinzu und löst sie durch Rühren vollständig auf. Die Zuckerlösung wird in ein leeres Marmeladenglas gefüllt, ein Stöckchen über die Öffnung gelegt, von dem ein Bindfaden bis in die Zuckerlösung herabhängt. Nach ein bis zwei Wochen kann man Zuckerkristalle an dem Faden größer werden sehen.

Kamera aus Pappe

Die Kamera aus Pappe macht Gesetze der Optik deutlich. In den Boden eines Schuhkartons wird ein kleines Loch gebohrt, über die offene Seite des Kartons Transparentpapier gespannt und an den Seiten des Kartons mit Klebeband festgeklebt.

Betrachtet man nun in einem abgedunkelten Raum ein hell angestrahltes Bild (z. B. ein Dia) von der Seite der Kamera aus, auf der sich das Pergament befindet, dann erscheint das angestrahlte Objekt umgekehrt auf dem Pergament.

Mit dem Bleistift könnte man die Konturen des Objektes auf dem Pergament nachzeichnen, um zu beweisen, dass das Bild umgekehrt erscheint. Genau auf diese Weise sehen wir. Die Bilder, die durch unsere Augen eindringen, erscheinen umgekehrt auf der Netzhaut. Erst im Gehirn werden sie umgedreht. Bei einer Fotokamera wird diese Umkehrung durch den Einbau von Spiegeln erreicht.

Regenwassermesser

Von einer leeren Kunststoffwasserflasche wird das obere Drittel mit
einem scharfen Messer abgetrennt und dann umgekehrt, mit der
Öffnung nach unten, wie ein Trichter in den Flaschenboden gesteckt.
Mit der Hilfe eines Lineals und eines wasserfesten Filzstiftes wird nun
von außen eine Millimeterskala auf die Flasche gemalt. Wenn es regnet, wird die Flasche ins Freie gestellt und nach jedem Regenguss kann
nun abgelesen werden, wie viel Millimeter Niederschlag gefallen sind.

Wie bei einer Tropfsteinhöhle

Stalagmiten, wie sie in einer Tropfsteinhöhle von unten nach oben
wachsen, kann man auch auf der Fensterbank erzeugen.
Dazu werden zwei Marmeladengläser mit heißem Wasser gefüllt.
Diesem Wasser wird so viel Natriumkarbonat (in der Apotheke erhält-
lich) hinzugefügt wie möglich. Sobald sich nicht mehr alles auflöst,
sondern beginnt, sich am Boden abzusetzen, ist die Lösung gesättigt.
Die Gläser werden nebeneinander an einen warmen Ort (Fensterbank
oder Heizung) gestellt und durch einen Wollfaden, der an beiden
Seiten in die Gläser gehängt wird, miteinander verbunden. In der Mitte
hängt der Wollfaden ein wenig durch.
An dieser Stelle wird unter den Faden ein Pappteller oder ein Brettchen
gelegt. Nach ein paar Tagen werden sich die ersten Kristalle bilden und
auf dem Pappteller wächst ein kleiner Tropfstein heran.

Geheime Botschaften

Man schreibt eine Botschaft auf ein Blatt Papier mit einem dünnen
Pinsel, einer Schreibfeder oder einem ähnlichen Material, das vorher in
Zitronensaft getaucht wurde. Nach dem Trocknen ist nichts mehr von
der Botschaft zu sehen. Um sie wieder sichtbar zu machen, muss das
Blatt erhitzt werden.
Wenn man das Papier bügelt oder über eine Kerze erhitzt oder in den
Backofen legt, kann man das Geschriebene wieder lesen. Dieses Experi-

ment funktioniert übrigens auch mit Essig. Beide Säuren bewirken eine chemische Veränderung des Papiers.

Laser-Lampe

Ein Stück schwarze Pappe wird so ausgeschnitten, dass sie das Glas einer Taschenlampe völlig abdeckt. In die schwarze Pappe wird mit einer dicken Nadel ein Loch gebohrt. Dann wird die Pappe mit Klebeband vor das Glas der Taschenlampe geklebt.

Wenn man nun in einem dunklen Zimmer den gebündelten Lichtstrahl auf einen Spiegel richtet, reflektiert der Strahl und „läuft" im ganzen Zimmer umher. Hat man mehrere Spiegel, kann man eine ganze „Light-Show" veranstalten.

Eiergärten

Leere Eier müssen so geköpft werden, dass nur das obere Drittel fehlt. Die Eier werden bis zu zwei Dritteln mit feuchter Watte gefüllt, auf die Kresse oder Kerbel, Linsen oder Bohnensamen ausgesät werden. Nach drei bis vier Tagen entstehen die ersten Keime. Die „gefüllten" Eier lassen sich sehr gut in Eierbecher stellen. Auf der Fensterbank, im Licht, keimen die Sprossen noch schneller und es sieht lustig aus, wenn die Kräuter aus den Eiern sprießen.

Nagelharfe

Unter ein quer aufgehängtes Stück Holz oder eine Bambusstange wird ein Stück verzinkter Draht, gleich lang wie das Holz oder die Bambusstange, im Abstand von ca. 10 Zentimetern aufgehängt. Nun werden Nägel mit Fäden so an die Bambusstange geknüpft, dass sie alle den Draht berühren. Hängt man das Mobile in den Luftzug oder Wind, beginnen die Nägel an dem Draht hin- und herzuschlagen und auf diese Weise Klänge zu erzeugen.

Heulende Filmdosen

Aus einer schwarzen Filmdose wird längs ein ca. 3–5 mm breiter Streifen herausgeschnitten. Dann wird mit einem Nagel ein Loch in den Boden gebohrt. Durch dieses wird eine ca. 40 cm lange, feste Schnur gezogen. Ein dicker Knoten am Ende verhindert, dass die Schnur durch das Loch rutscht. Am anderen Ende der Schnur wird eine Halteschlaufe für die Hand geknotet. Lässt man die Dose nun kräftig durch die Luft zischen, entsteht ein Heulton, mit dem man andere sehr erschrecken kann.

Literatur

Braun, D.:	Handbuch Kreativitätsförderung. Theorie und Praxis für die Arbeit mit Kindern Freiburg 1999
Kaiser, A.:	Praxisbuch handelnder Sachunterricht, Bd. 1 Hohengehren 1998
Kratz, M.:	Cola verdaut Fleisch. Naturwissenschaften fächerübergreifend Lichtenau, 2. Auflage 1997
Landa, N.:	Wasser, Feuer, Luft und Erde. Die Elemente erleben und begreifen Freiburg 1997
Lück, G.:	Warum schwimmt Eis auf dem Wasser? Bausteine Kindergarten/Grundschule Aachen o. J.
Montessori, M.:	Kinder sind anders München, 10. Auflage 1995
Müller, H.:	Müll und was man damit machen kann. Vom kreativen Umgang mit Abfall Offenbach 1996
Simon, A. / Eichelkraut, R. / Bangert, S. (Hrsg.):	Wie Gummibärchen fliegen lernen und andere ökotechnische Sensationen. Naturwissenschaft, Technik und Umwelt in der Ausbildung von Mädchen und Frauen Lichtenau 1997

Korai Peter Stemmann

Die vier Übergänge zum Glück

Shi Do – die geheime Übung für ein
langes und glückliches Leben

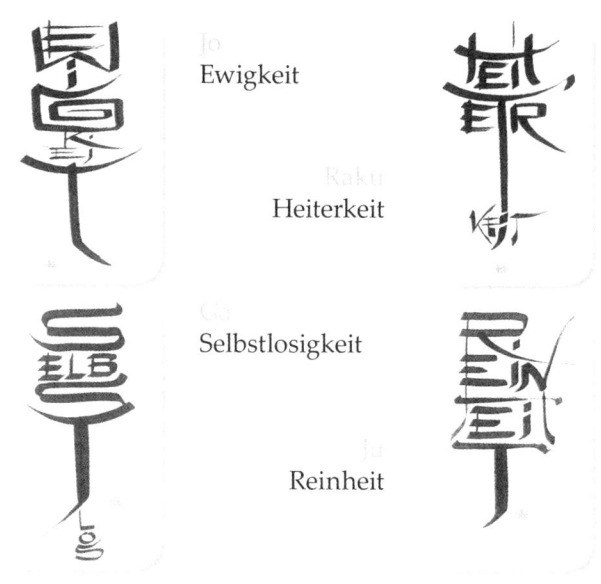

Jo
Ewigkeit

Raku
Heiterkeit

Ga
Selbstlosigkeit

Ju
Reinheit

Schirner
Verlag

ISBN 978-3-8434-1028-1

Korai Peter Stemmann:
Die vier Übergänge zum Glück
Shi Do – die geheime Übung für ein
langes und glückliches Leben
© 2011 Schirner Verlag, Darmstadt

Umschlag: Murat Karaçay, Schirner
Redaktion: Bastian Rittinghaus, Schirner
Satz: Simone Wenzel, Schirner
Printed by: OURDASdruckt!, Celle,
Germany

www.schirner.com

1. Auflage 2011

Zum Andenken an Opa Wilhelm,
der mir zu seinen Lebzeiten ein Zeichen gab,
das ich nicht gleich erkannte,
und der mir versprach, mir nach seinem Tode
noch ein Zeichen zu geben,
wenn die Zeit dazu reif ist.

Für Ikedo Yoshimasa,
der als Zen-Mönch den Weg der Heiterkeit
in die Weisheit geht.

Für meinen Elder Zen-Brother Peter Zürn,
der in gelebter Gestalt das torlose Tor für mich offen hält,
damit ich irgendwann hindurchgehen kann.

Für Raphael,
meinen Zen-Bruder, meinen Lehrer, meinen Roshi.

Für alle unverbesserlichen Glücksucher,
die bereit sind, zu finden.

DANKSAGUNG

Für die kreative Inspiration bei diesem Buchprojekt danke ich dem Künstler Manfred Wenzel aus Köln, der unzählige Schriftzüge entstehen ließ, bis wir beide wussten:
»Das ist es, Jo Raku Ga Ju in der Kunst der Kalligrafie.«

Für die Übertragung seiner Energie in dieses Buchprojekt danke ich Wolf Dieter Wichmann aus Bremen, der als dreifacher Karate-Vize-Weltmeister und Europameister ein einziges Mal für das Übungsvideo auf die Matte ging, und ich wusste augenblicklich:
»Das ist es, Jo Raku Ga Ju in der Geisteshaltung des edlen Samurai von heute.«

Für die Idee zu diesem Buch danke ich meinem Zen-Freund Ikedo Yoshimasa aus Worpswede, der mit mir früh morgens am Strand der Nordseeinsel Wangerooge entlanglief und das Meer dazu bewegte, in unseren Rhythmus einzustimmen, bis ich merkte:
»Das ist es, Jo Raku Ga Ju in den Gezeiten des Lebens.«

Für die tiefgründigen Begegnungen zu den Themen dieses Buches danke ich Bernhard Juchniewicz von der European Coaching Association, der als Meditationslehrer seine christlichen Wurzeln mit der buddhistischen Lehre und Übung verbindet.
»So gelingt es, Jo Raku Ga Ju in der Entwicklungsarbeit mit anderen Menschen.«